DANS LA MÊME COLLECTION

Maurice Pialat, *Nous ne vieillirons pas ensemble.*

Alain Page, *La Piscine.*

Claude Néron, *Max et les ferrailleurs.*

CÉLINE DION

DU MÊME AUTEUR

Tsiganes, la liberté à tout prix, Télémaque, 2013.
Amantes et Mystiques, Le Rocher, 2012.
Les Châteaux fabuleux de Louis II de Bavière, Télémaque, 2012.
Louise de Lorraine, la reine blanche de Chenonceau, Ramsay, 2011.
Le Roman de Sissi, Le Rocher, 2010.
Le Petit Trianon et Marie-Antoinette, Télémaque, 2010.
Chenonceau, le château des plaisirs, Télémaque, 2009.
Meurtres au couvent, Ramsay, 2008.
Madame Élisabeth, sœur de Louis XVI, Ramsay, 2007.
Élisabeth de Hongrie, princesse des pauvres, Presses de la Renaissance, 2005.
La Valse des imposteurs, Le Rocher, 2003.
Le Sang de l'écriture, Le Rocher, 2002.
Le Chevalier de lumière, Le Rocher, 2001.
Petit traité très incorrect sur la pensée, le sexe et Dieu, Le Rocher, 2000.
Jean de la Croix, fou de Dieu, Grasset, 1999.
Thérèse d'Avila ou le divin plaisir, Fayard, 1997.
Thérèse d'Avila, ill. Marc Renier, Mame, 1994.

ÉLISABETH REYNAUD

CÉLINE DION

La femme aux deux visages

ARCHIPOCHE

Crédits photos du cahier hors-texte : agence SIPA

Notre catalogue est consultable à l'adresse suivante :
www.archipoche.com

Éditions Archipoche,
34, rue des Bourdonnais
75001 Paris

ISBN 978-2-35287-694-6

AVANT-PROPOS

Lorsqu'elle paraît, en robe courte blanche ou noire, à paillettes ou piquée de strass, en mousseline de soie jaune ou rouge, en fourreau de sirène mordoré ou en robe de cuir, partout dans le monde, les mêmes stades, remplis de dizaines de milliers de personnes, acclament celle qui est LA voix.

Longtemps, sa tenue de scène favorite fut un boléro de perles argentées, sur un débardeur de soie noire. Un pantalon assorti, incrusté de strass aux genoux, aux cuisses, à la taille, comme un cache-sexe aussi, sur le devant. Le bas des jambes évasé en corolle.

Fougueuse, elle entre en scène. Elle est chez elle. *At home.* Tout son corps parle de musique, de vie, d'énergie : il incarne son chant. Longue chevelure dorée, buste plat comme un garçon, jambes fines, fesses hautes.

Entre naturel et sauvagerie, entre sagesse et folie, enfance et maturité, elle lâche toute sa fantaisie. Tenant son micro d'une main, elle saisit, de l'autre, le pied couvert de strass, le fait tournoyer au-dessus de sa tête, à une vitesse folle, dansant sur place, dans une robe dorée à paillettes, les jambes nues, les cheveux libres. Sur un podium inondé de lumière. Prise d'une euphorie créatrice qui électrise le public. Une immense vague de bravos monte vers la scène et l'emporte dans sa gloire. Elle sourit doucement, embrumée de joie. Comblée de reconnaissance. Elle s'est donnée corps et âme.

La jeune fille que nous avons connue trop jeune, trop tôt – encore chrysalide –, est devenue cette femme qui a sculpté son corps sur le modèle de son âme. Virtuose d'elle-même. Perchée sur des talons aussi vertigineux que son talent, elle maîtrise autant les escarpins aiguilles que les contre-ut majeurs.

Quand elle chante « All by Myself », elle se bat pour la note ultime, interminablement, jusqu'au bout d'elle-même, de sa force, et la foule entière explose en larmes, tendue vers la scène, tétanisée. Elle tombe à genoux à la renverse, la face vers le ciel, dans une apothéose d'amour, abandonnée au bonheur du public.

Soixante mille personnes l'acclament, debout.

Lorsque arrive le chef-d'œuvre, « S'il suffisait d'aimer », qu'elle a chanté partout dans le monde, en français – un jour, même, sous la pluie battante –, le public, dans une tornade d'émotion, se soulève. Une mélodie, belle et acrobatique ; pleine de périls, qu'elle dompte de sa voix assouplie comme un cuir de Cordoue, dépouillée de sa force, comme trop riche. Grande voix, pour une idée si fine à ne pas écraser, à approcher tout doucement.

Elle est soudain comme un Christ. Quelque chose est atteint dans le cœur des gens qui se définit mal. Les larmes montent aux yeux. On n'y peut rien. À cet instant, la foule n'a plus qu'une seule âme. Hommes, femmes, ils se lèvent, tendent les bras, la remercient. Ils sont des millions comme cela. Elle dit de cette chanson : « C'est un hymne, c'est une prière. » Goldman lui avait dit : « Il faut "déchanter". » C'est un conseil qu'elle garde « comme une pièce dans ses bagages ». Juste supprimer quelques fioritures, lui a suggéré Goldman. Mais quand elle la chante, le public est à la messe. Elle est calme, offerte, mystique. Ah ! le grand mot est lâché !

Et pourtant, si. Oubliées la mort, la laideur, la souffrance, tous, vraiment tous, ont oublié leurs soucis dans la voix d'amour de cette femme. Même René la regarde, extasié, lui qui est là avant tout pour le débriefing qui suivra chaque concert. Sans concession.

Elle ouvre les bras au monde. Elle veut tout. Et en fait elle s'en fout, car elle veut *plus* que tout. « *She is the biggest heart I know* » dit la plus célèbre chanteuse japonaise, Ito Yuna, à Tokyo. Dans sa loge, après le spectacle, Céline lui offre un diamant seul, non monté, pour la remercier d'avoir chanté sur scène avec elle. Elle en fera ce qu'elle voudra, bague, boucle d'oreille, pendentif. Le diamant, c'est elle, qui sera sertie d'une grande carrière, lui prédit Céline.

La jeune fille est confuse, émerveillée. « Céline, on voit son cœur à travers sa voix », a-t-elle dit sur scène. Et ce cœur est fait de chair et de sang.

Car Céline voit tout en grand, propulsée par la volonté inflexible de René, l'homme de sa vie, comme elle le répète à tout vent. Et pourquoi faudrait-il se cacher d'être riche ? demande-t-elle avec quelque naïveté. Son rêve sera celui de tous. « C'est possible ! », dit cette enfant de Charlemagne, gros bourg du Québec profond.

Alors, elle prend son jet comme on prend un taxi. Va chanter à cinq cents kilomètres de chez elle, puis rentre le soir comme si elle avait pris le métro. Elle a déjà semé son cœur aux quatre coins du monde. Elle n'a oublié personne. À Bercy, elle dit aux soixante mille spectateurs qui chantent avec elle : « Vous partez en tournée avec moi ! » À Shanghai, la plus jolie et la plus célèbre journaliste de TV, Yang Lan, a déclaré : « Dans la voix de Céline il y a un amour puissant. Elle exprime toute la force intérieure de l'être humain. Lorsqu'elle chante c'est une explosion d'amour. *She is the powerful love.* »

Elle est capable, dans sa loge, en peignoir, pendant qu'on la coiffe, de retracer en quelques minutes, avec sa chorégraphe, chaque mouvement de son show qu'elle connaît par cœur. Avec un brio, une dextérité, un humour renversants. Un vif-argent.

Ce n'est pas seulement une voix, c'est une interprète qui saisit ceux qui l'écoutent. On croit à ses mots. Ils sont ciselés, incrustés profond, dans son chant. C'est velours ou rocaille. Volutes douces ou lame tranchante. Hymne ou bataille. Sa vie parle.

Dans « Destin », elle chante : « Il y a juste un peu d'or autour de ma voix. » Dedans aussi. Or brut ou gravé. Au point que des paroles – parfois – mal arrimées, deviennent d'étranges chefs-d'œuvre, dans sa façon habile de les dire. Ainsi, dans « Papillon », elle chante ces mots banals : « Je voudrais vous dire combien je vous aime. » Mais quand elle les chante, cela devient, à ce moment, si aérien, si radieux, si secret, que l'émotion l'emporte.

À Los Angeles, sur Hollywood Boulevard, elle a une étoile à son nom, comme la plupart des grandes stars de la planète. À Dubaï, dans le public debout, des femmes voilées chantent à tue-tête « *We will we will rock you !* » et un jeune Iranien, venu en visite déclare : « *It's the greatest night in my life !* » Cela fait quinze ans qu'il attend ce jour-là. Il a fait le déplacement exprès pour la voir chanter.

Une jeune Marocaine voilée, le même soir, sur les toits de Dubaï où résonne l'appel à la prière, exprime sa ferveur : « Cela peut vous paraître curieux, mais pour moi c'est une femme magnifique. » Dans ce pays de confession islamique, Céline a veillé à ne pas choquer. Elle a écarté ses tenues de scène trop dénudées. Ce soir-là, elle porte sur sa tunique en strass un boléro et un pantalon de cuir. Elle répond aux questions à ce sujet : « On s'adapte parce qu'on peut. »

Partout elle déclenche la joie, la fête, l'émotion. Elle est rodée à mort. Mais jamais totalement satisfaite. Toujours plus, toujours mieux, toujours plus haut.

À Milan, une Italienne ravissante arrive en compagnie de son petit ami et se jette à ses genoux. Elle est dans un tel état d'euphorie qu'elle a pris une grande lampée de Ventoline pour ne pas étouffer de la joie de voir son idole. Céline a un mouvement de recul et la relève en disant : « Oh non ! pas ça ! » Elle ne veut pas de ces adorations fanatiques et déplacées. La jeune femme pleure et rit. « Oh ! Céline, cela fait onze ans que je t'attends ! C'est un rêve ! À travers tes chansons, je vois ma vie, mes passions. Je suis Sicilienne ! Je t'aime Céline, mon amour ! » Céline rit et danse et, pour détendre l'atmosphère, entonne avec elle « Lasciatemi cantare ». Elles chantent ensemble un moment, puis séance de photos. Céline se prête patiemment à ces épisodes inévitables qu'elle affronte comme la rançon du succès.

Ce qu'il lui faut d'intelligence et de courage, même épuisée par son tour de chant, pour retourner les situations les plus délicates ! Combien n'en a-t-elle pas vécues ! À Paris, devant l'hôtel George V, elle signe encore des tonnes d'autographes. Elle sort de Bercy où elle a chanté devant soixante mille personnes !

Entre chaque partie du show, elle change de tenue en trois minutes ; chaussures, robes. Boit quelques gorgées d'eau. Repasse un peu de fond de teint sur le décolleté, un peu de poudre sur le visage, de brillant sur ses lèvres. Ébouriffe ses cheveux. On les crêpe un peu, les asperge de laque. Encore une gorgée d'eau à la paille. Arrange les franges de sa robe. Elle est prête.

Entourée de créatures de rêve, hommes et femmes, elle scintille de tous ses feux. Libre, forte, effilée, conquérante. Sa voix comme une arme d'amour, de combat, contre la morosité du monde. Maîtrisant une chorégraphie sculptée au couteau, du haut de ses talons étourdissants.

Après le concert, elle n'aime pas se revoir en vidéo. Personne n'a été aussi heureuse qu'elle l'a été à ce moment-là. Se regarder extérieurement lui donne à voir uniquement les défauts. Lorsqu'elle se donne sur scène, entièrement, c'est comme « un animal qui sort de sa cage ». L'expression est d'elle. Mais sans la présence, la chaleur réelle du public, ça n'a plus de saveur. Elle l'a vécu à cent pour cent et n'en recherche pas un ersatz inutile. Si elle voit quelque chose à rectifier, elle sent monter en elle une sorte d'étouffement face à l'impuissance momentanée de changer ce qui ne lui plaît pas. Elle l'a fait autrefois de longues heures avec René. Aujourd'hui, les répétitions sont là pour cela. En se préparant à monter sur scène, elle a vécu le stress, l'adrénaline, la passion, l'énervement, le bonheur, l'impatience d'y être enfin. C'est la grande fièvre qui monte. Qu'elle contrôle lorsque tout est en place pour le show.

Quand tout est terminé, l'euphorie retombe. Dans son salon, sur le canapé, elle ne peut plus rien. C'est passé. C'est fixé. Elle ne veut pas se torturer de l'angoisse qu'il y a à ne plus pouvoir apporter de retouches à ce spectacle-là. Comme un peintre pourrait le faire sur sa toile. Visuellement, c'est un art éphémère. Les disques gravés en studio sont là pour en garder les traces.

Chez elle, c'est la farandole des vêtements de luxe, des chaussures par centaines – sa folie –, des palaces, des avions privés. Toujours par passion de ce qui est beau, généreux, bien fait. Elle est obsédée de perfectionnisme. Dans sa vie, dans son chant, dans son amour pour sa famille, ses enfants, son homme. Elle l'a prouvé comme jamais. Elle s'est démultipliée, s'est montrée présente à tous et à chacun. Ce fut une lutte immense pour le bonheur, pendant trente ans de sa vie.

… DANS LE MONDE ENTIER

Présente à tous. Attentive, dans chaque pays traversé, à la marque de la douleur, inscrite pour les temps à venir. En Afrique du Sud, elle rend visite à

Nelson Mandela. René-Charles, son fils, est présent partout. Elle lui explique : « Cet homme a une âme d'enfant. Il a l'âme d'une mère et la force d'un père. » Elle dit à celui dont les cheveux ont blanchi dans la lutte son respect, son admiration. Elle veut voir la prison où il a été incarcéré pendant vingt-sept ans. René murmure à son fils ce que l'on a fait à cet homme qui luttait contre le racisme de son pays.

Elle prend le bateau avec René et René-Charles jusqu'à Robben Island où se trouve le pénitencier de la honte. Dans la cellule nue, en simple petite robe noire, les cheveux attachés, elle s'étend sur la couche du prisonnier pour ressentir vraiment l'oppression. Le guide lui raconte le bruit incessant dans la geôle, le vacarme des portes, des trousseaux de clefs, les cris dans les corridors sonores. Elle serre ses mains contre son ventre, comme si elle souffrait. Puis elle le remercie en le serrant dans ses bras.

L'après-midi, ils vont tous les trois visiter le Parc aux lions. Elle câline un jeune lionceau blanc, comme un bébé. L'animal est calme. Il se laisse faire. René est plus circonspect. Il attend que Céline entre la première dans l'enclos en protestant faiblement : « T'es sûre ? » Puis il la suit en tenant René-Charles par la main. Très peu rassuré. Dans ses bras, le lionceau s'agite et, dans ceux de René-Charles, l'animal s'en prend aux longs cheveux de l'enfant. Puis ils vont voir les éléphants, les girafes, et Céline, aux anges, leur prend un peu de cette force brute qu'elle retrouve le soir. Ce qu'elle vit, ce qu'elle rencontre sur son chemin : « Je le bois, je le porte, je le garde, dit-elle, et je le projette sur scène à travers mes chansons. »

Pendant la répétition, à Johannesburg, car bien sûr, elle est là pour chanter, elle se lance sous les yeux de René dans une danse effrénée, digne de Fred Astaire, chantant comme une folle *« I got the blues, babe ! »*, les jambes, comme des caoutchoucs élastiques. René, hilare, esquisse le rythme avec elle, tandis que, s'emparant d'une chaussure, elle enchaîne : *« I got the shoes, babe »*, histoire de tourner en dérision ce moment de fantaisie. Le soir, en strass et paillettes, elle donnera son cœur.

À Soweto, chez les enfants d'une fondation éducative qu'elle soutient, elle distribue la nourriture, puis elle chante avec eux, écoute les femmes jouer de la musique, et leur avoue, émue : « Votre voix et vos chants sont vrais. Vous me faites comprendre le sens de la musique. Après vous, je ne chanterai plus de la même façon. » Les chants d'Afrique l'ont emportée au cœur de la vie. Elle thésaurise pour plus tard. Pour son public.

Près de Berlin, elle se rend au musée commémoratif du camp de concentration de Sachsenhausen, qui a fonctionné de 1936 à 1945. Sur la grille d'entrée les déportés pouvaient lire : « Arbeit macht frei » – le travail rend libre. Deux cent mille victimes y ont été emprisonnées, dont des dizaines de milliers sont mortes de faim, de froid, de maladies, pendues ou exécutées. Le guide montre à Céline, à René et à René-Charles, les restes des fondations du gibet où les pendaisons avaient lieu devant les prisonniers. On les rassemblait pour qu'ils assistent au supplice.

Céline, les cheveux attachés en chignon, en robe simple de coton beige, écoute et pleure. Elle s'approche du four crématoire où se trouve une fosse dans laquelle les prisonniers vidaient les cendres de leurs compagnons consumés. Elle cache ses larmes dans les bras de René. René-Charles, inquiet, se dissimule entre ses parents. Une voix récite :

« *Paralysé, je regarde derrière le grillage, des étincelles dansent, rougeoyantes, brillantes. La vie d'un autre ami s'éteint.* »

Céline et René-Charles se serrent l'un contre l'autre.

« *Combien d'étincelles ai-je vues ainsi s'envoler, de cendres s'enfoncer dans la glaise couverte de mousse ?* »

Tous les trois sont devant la sculpture qui représente les déportés ; puis devant les ruines qui subsistent des baraquements où étaient entassés les condamnés.

« *Ne pourrais-je pas moi aussi choisir un jour de disparaître ainsi ?* »

Horrifiée, malade, bouleversée, Céline s'est assise au pied d'un arbre en tenant René-Charles contre elle. Des enfants aussi sont partis en fumée. Elle pense aux mères torturées. Elle lui parle, lui dit les choses doucement. Elle veut que, sortant de son conte de fées d'enfant, il connaisse l'existence du malheur qui frappe aveuglément. Elle a bien des raisons pour cela.

Puis elle s'éloigne seule en pleurant. Elle répète : « Je comprends, je comprends. » Elle ne veut pas de tour d'ivoire. Ça ne l'intéresse pas. Ce qu'elle n'a pas appris en classe, elle ira le chercher au vif de l'Histoire.

Le soir, à Berlin, elle chante comme une prière, avec un visage grave et beau. Soixante mille personnes clament leur émotion.

À Amsterdam, pendant que René donne libre cours à sa passion pour le golf, en compagnie de René-Charles, elle se promène sur les canaux avec sa sœur Linda, qui ne la quitte pas, sa mère, toujours présente, et sa chorégraphe. Elle les fait tordre de rire en faisant le clown, un morceau de carotte entre les dents.

À Bruxelles, elle danse dans une chocolaterie, vêtue d'une méchante combinaison de plastique et d'une charlotte qui enlaidiraient la plus belle fille du monde. Dopée, dit-elle, elle gambade comme un épouvantail et se moque, en proposant à sa mère un autre chocolat tandis qu'elle en a déjà la bouche pleine. Le très gâté René-Charles fait le difficile. Quand il veut faire des farces à ses gardes du corps, il se met à côté d'eux, à table, et les appelle en cachette sur leur portable pour leur faire croire qu'il se passe quelque chose. Les gros costauds rigolent. Ils ont l'habitude. À Macao, René-Charles perd une dent. Céline commente : « Il en perd une dans chaque pays qu'on visite ! »

À Anvers, elle reçoit une famille de fans au complet. La maman a donné un rein à son cadet. Le père et les deux autres fils les accompagnent. La mère semble fragile et très émue. Céline veut saluer le courage des mères du monde entier. Elle sent sa gorge se serrer et ne *doit pas* pleurer. Elle porte une robe courte fuchsia, épaules nues, strass écarlates, bracelets scintillants, coiffée, maquillée, prête pour le spectacle. Elle lutte pour que ses larmes ne viennent pas casser sa voix, juste avant de chanter. Elle arpente sa loge, ravalant les pleurs qui la guettent, s'éventant nerveusement avec le programme. Elle supplie René du regard, lui qui n'en peut mais, et répète avec chagrin : « *Oh ! my God ! Oh ! my God !* » Voilà la folle sagesse de Céline qui a privilégié une rencontre déchirante au risque de gâcher sa prestation, devant des dizaines de milliers de gens venus l'écouter chanter !

À Séoul, en Corée du Sud. Longue séquence émotion. Elle fait acclamer sur scène une de ses danseuses engagée pour toute sa tournée. Celle-ci revient pour la première fois dans son pays natal. Addie Yungmee, belle comme une star de cinéma, la gorge serrée, le visage couvert de larmes, remercie la foule qui l'applaudit avec enthousiasme.

Puis c'est le tour d'une de ses choristes. La jeune femme monte sur scène auprès de Céline, portant son fils Lucas, d'origine coréenne, dans ses bras. Céline les embrasse et dit : « Merci pour cet amour de mère dans le monde. » Le jeune Lucas est un peu abasourdi, mais sa mère est émue aux larmes. Céline parle des deux jeunes Coréens comme faisant partie d'une même fratrie.

Tout cela est sincère. Céline considère l'amour maternel comme l'amour sacré d'une vie. Elle a donc offert le voyage à l'enfant de sa choriste pour qu'il soit présent en Corée. Dans les coulisses, ils jouent tous deux à se poursuivre. Mais c'est plus de l'amour que du jeu. Les enfants, tous les enfants, sont une des grandes passions de sa vie.

En Australie, à Brisbane, elle doit annuler deux de ses concerts. Elle a pris froid, sa voix se casse. Certains fans, venus de très loin pour la voir, sont en larmes. Sa gorge lui fait mal, elle est désolée, triste, affectée de les décevoir. Si elle chante au moyen d'une piqûre anesthésiante, le mal peut s'aggraver. Elle ne voulait pas interrompre sa tournée, mais le médecin a dit non. Du coup, elle reçoit toute la famille d'un de ses danseurs australiens, venue exprès pour son concert.

À Sydney, elle s'offre un moment de détente avec René-Charles, au grand aquarium, pour contempler les requins blancs et les raies géantes. Pendant la tournée, l'enfant est accompagné de son institutrice.

Au cours d'une leçon, Céline débarque, le prend dans ses bras, le fait tourner comme une toupie, et le repose titubant. Il est ravi. Elle a oublié qu'elle est un monstre d'énergie, insatiable, affamé.

On a lu dans les yeux de l'enfant aux longs cheveux d'Indien un rêve vague, un peu étourdi. Il a peut-être besoin de copains de son âge, pour jouer, se disputer, se connaître. Il parcourt le monde entier à pas de géant. Toujours en vadrouille, n'ayant jamais le temps de se constituer un monde à lui. Mais un ouragan d'amour le sauvait malgré tout. Il est maintenant un peu plus souvent avec ceux de son âge. La vie rêvée de Céline n'est pas la sienne. Elle excède ce qu'il peut intégrer du monde en si peu de temps.

Tant de lieux, tant de gens, tant de voyages, tant de fêtes et de lumières, ont dû saturer son esprit encore vierge. Une boule de feu tournoyante entraîne des satellites autour d'elle. Une étoile lumineuse peut aveugler de ses rayons. Mais elle dégage aussi une chaleur qui ne s'éteindra pas de longtemps.

À Shanghai, Céline doit affronter, dans une conférence de presse impressionnante, les redoutables journalistes chinois. Ceux-là, se moquant éperdument de sa carrière, lui demandent sans aucun complexe : « Pourriez-vous nous parler de l'avenir de la Chine et de sa force ? » L'interprète lui traduit la question. Céline, suffoquant légèrement intérieurement, se fait répéter la question. « Que pouvez-vous nous dire du miracle de la Chine ? » reprend sans se démonter le journaliste. Et voici la fine et généreuse Céline à l'œuvre. Sans broncher, elle répond : « Je ne suis pas certaine de bien connaître le cœur des gens ici. C'est la première fois que je viens dans ce pays. Mais si vous croyez en vos rêves et que vous écoutez votre cœur, vous ne pouvez pas vous tromper. Quelquefois vous devez être leader et pour cela croire en vos propres rêves. » On ne saurait mieux dire.

À New York, au Madison Square Garden, elle chante avec Charice, seize ans. La maman, eurasienne, est dans la salle. La voix de la jeune fille est hallucinante de justesse, de puissance. Céline la laisse chanter, un sourire aux lèvres. Pourquoi agit-elle ainsi ? Parce que la femme qui est là ce soir-là s'est dégagée de l'emprise d'un mari violent qui l'a longuement fait souffrir. Elle a mis tout son espoir dans la carrière de sa fille. Céline l'accueille au sein de son spectacle pour lui donner sa chance. Il est vrai qu'avant ce concert, épuisée par cette folle tournée, elle a dû se rendre chez l'oto-rhino après avoir vomi. La voix fragilisée.

À Manchester, René, qui ne sait comment plaire à sa « terrible » épouse, a cherché des chaussures qu'elle agréerait. Il est tout fier d'avoir trouvé une paire de Prada bleu ciel fluo, vernies. Quand elle les voit, catastrophe ! Elle éclate de rire : « Ah ! Non ! Pas des chaussures de bowling ! » s'écrie-t-elle. Et le pire, c'est que lorsqu'il les montre à l'amie chorégraphe, elle s'exclame elle aussi : « Mais ce sont des chaussures de bowling ! » René est persuadé qu'elles se sont donné le mot. Elles lui assurent que non. L'imprudente Céline jure même sur la tête de ses enfants.

Et puis, il y a Paris. À l'hôtel George V, René-Charles joue au golf dans la grande suite qu'ils occupent. Il oublie la cérémonie officielle où sa mère vient d'être décorée chevalier de la Légion d'honneur par Nicolas Sarkozy. Le Président lui a dit : « Lorsque vous chantez en français, vous retenez la puissance vocale, pour faire place à l'émotion et aux états d'âme, alors continuez à être émue, ce sera notre plus grand plaisir de vous entendre. »

Mais elle répond en toute simplicité : « Mon père aurait été très fier d'être là, monsieur le Président. Voir sa petite dernière saluée par la France l'aurait beaucoup touché. Il aurait été fier parce que c'était quelqu'un de simple. Mais qui avait un grand sens de l'honneur et du devoir accompli. » Adhémar Dion a rejoint le ciel, mais Thérèse Dion est présente, très sensible à l'hommage de sa cadette à l'homme disparu dont elle a eu quatorze enfants. Femme d'amour, femme de fer.

Dans l'avion qui les emmenait à Osaka, René a voulu désespérément laisser un gros pourboire à l'hôtesse, mais elle le refuse avec une constance étonnante. Souriant « à la japonaise », c'est-à-dire sans qu'on sache si elle est vexée ou touchée. Finalement, elle le prend pour lui faire plaisir, et René, en bon Occidental, trouve l'anecdote fort drôle.

Après le concert, Céline, en robe longue de mousseline jaune poussin, va briefer ses gardes du corps, avec un humour de chef de bande. En effet, lorsqu'elle a traversé la foule massée derrière les barrières pour la voir passer, l'un d'eux a marché sur sa robe, ce qui ne lui a pas facilité l'abord des mains tendues qu'elle voulait saisir. Deux autres se sont placés un peu maladroitement devant elle, entravant sa progression.

D'une humeur toujours souriante, elle les rassemble avant même de quitter sa tenue de scène et leur fait un petit discours de recadrage, se laissant inopinément tomber dans les bras de l'un ou de l'autre, pour illustrer sa démonstration. Puis elle les embrasse et déclare à l'un d'entre eux, une vraie baraque : « T'es un peu p'tit, mais ça ira ! » Il en fait trois comme elle !

Ensuite, toujours dans la même tenue, elle rejoint les sumos qui l'attendent dans un salon proche. Le champion du Japon, un géant, Yokozuma Asashoryu, est là, avec son équipe. Elle lui demande si sa ceinture vient de chez Louis Vuitton. Tout le monde rigole. Puis elle se met en position de combat. Jambes pliées écartées, mains sur les genoux. Elle ébauche un assaut en robe longue. Les sumos éclatent de rire. Les photos se font dans une ambiance joviale. La vie lui plaît.

Céline adore le Japon depuis qu'elle a représenté la France, devant des millions de téléspectateurs, au concours international Yamaha, à Tokyo. Une sorte d'Eurovision. C'était en 1981. Elle avait treize ans. C'était le plus important festival de ce genre dans le monde. Un millier de candidats, dont trente sont finalement admis à concourir. Un seul lauréat. Pour lui apprendre la nouvelle, René le Libanais, joueur de black-jack, habitué de Las Vegas, dont Mme Dion se méfie terriblement, lui a parlé tout bas au téléphone.

L'amour

Il a dit de cette voix calme, feutrée, douce, qui la transporte déjà :

— Je sais qu'il n'y aura personne de meilleur que toi, là-bas. Tu sais bien que tu vas gagner le premier prix. Tu le sais n'est-ce pas ?

Pour une fille de treize ans qui ne rêve que de cela depuis qu'elle est née, poussée par sa mère et ses treize frères et sœurs, le choc est profond. Ce ton d'intimité est à jamais entré dans sa fibre. La petite n'avait pas d'amoureux. Avec sa folie coutumière, dès son jeune âge, elle voulait déjà un homme, un vrai. Fort, important, puissant, mystérieux. Un peu sulfureux, d'après sa mère, sa pythie.

Il a dit encore plus bas, comme une promesse voluptueuse :

— Ça va changer notre vie, Céline, tu verras.

Elle n'a pas rêvé, il vient de dire « notre » vie.

Il faut avouer que leur première rencontre est assez cinématographique. Mais qu'est-ce qui ne l'est pas dans la vie de Céline ?

Connu au Québec comme le plus grand producteur de disques de variétés, il s'est rendu célèbre en créant un groupe de rock, les Baronets, avec lequel il reprend les succès d'Elvis Presley, des Beatles, des Beach Boys, et de tous les rockers des années 1960. Sa femme est une présentatrice de TV très connue, qui chante aussi dans les émissions de variétés.

C'est Michel, le frère et parrain de Céline, lui aussi chanteur à la télévision, qui a l'idée de faire parvenir à René Angélil la maquette d'une chanson enregistrée par sa sœur. Et comme on n'en avait trouvé aucune qui puisse convenir à une si jeune gamine, ce fut sa mère qui s'y colla. Elle lui écrivit sur la table de la cuisine, une bluette : « Ce n'était qu'un rêve ». Puis ils firent la musique en famille. Comme depuis toujours. Ils sont tous musiciens. Céline n'a rien inventé, elle a été baignée de ce rêve depuis sa naissance. Sa mère joue du violon, son père de l'accordéon des nuits entières, ses frères, de la guitare, du piano, de la batterie, de l'harmonica, ses sœurs chantent, font des disques, passent à la télé. Ils sont les idoles de leur petite sœur émerveillée. Aretha Franklin, Olivia Newton-John, ses frères, ses sœurs, elle les voit tous sur le petit écran. Elle aussi, un jour, elle ira à l'Olympia, à Broadway ou à Las Vegas ! C'est écrit. Elle est tombée dedans en naissant. Thérèse, sa mère, a décidé que la vedette de la famille, ce serait elle. La dernière-née.

C'est cette maquette innocente que le frère aîné vient d'envoyer au grand producteur.

Inutile de dire que celui-ci ne prend pas la peine de répondre. Devant la colère de maman, Michel fait le siège de René Angélil. « Je sais que tu n'as rien écouté, dit-il au puissant homme replié dans son bureau. Sinon t'aurais déjà rappelé. »

Angélil se met à rire.

— Non, c'est vrai, j'ai pas eu le temps. Elle a quel âge, ta sœur ?

Michel hésite :

— Douze ans.

— Le créneau est pris.

— Ce n'est pas une petite fille. Elle a une vraie voix, affirme Michel. Écoute-la cinq minutes. Ça peut changer ta vie.

Dix minutes plus tard, Angélil rappelle.

— Est-ce qu'elle peut venir cet après-midi ?

C'est le coup de fil du destin.

Près de l'immeuble de Télé-Métropole, la première chaîne du Québec à l'époque, Angélil a son bureau. Lorsque Céline, très intimidée, entre dans le bureau sombre, accompagnée de sa mère et de son frère, Angélil est dos à la fenêtre, le visage en contre-jour. Il a une quarantaine d'années, une voix douce d'Oriental. Sur une table basse se trouve un jeu de backgammon et, de chaque côté du bureau, de grosses enceintes acoustiques.

Il demande de cette voix qui la trouble si elle veut bien chanter pour lui. Là ? Comme ça ? Sans musique. *A cappella* ? La petite fille, enivrée de gloire, regarde sa mère, affolée. Combien de fois n'a-t-elle pas chanté devant son miroir en se démenant comme une diablesse ? Mais là, devant cet homme, dans ce silence. Il lui semble que le temps s'éternise. Maman Dion suggère la cause de l'embarras :

— Elle n'a pas l'habitude, sans musique, sans micro...

René Angélil lui tend un gros stylo et répète de sa voix veloutée :

— Imagine que c'est ton micro, veux-tu ?

Son visage reste grave. Céline le trouve beau. Il lui plaît comme les hommes mûrs, doués de charme, peuvent plaire follement à de très jeunes filles. De façon dévastatrice, puisqu'elles n'ont encore jamais aimé, et que, d'un seul clic, leur imaginaire vierge se couvre d'un parfum puissant. L'agneau de la famille vient d'être livré au loup. Mais attention ! Thérèse Dion veille !

Et l'agneau se lâche. Impudente et impudique, elle ouvre sa voix en grand. Elle répond à l'appel du mâle tapi dans l'ombre. Oubliant le faux micro qu'elle tient devant ses lèvres, le regard de sa mère stupéfaite dans son dos, et le sourire amusé et fier de son frère. Elle regarde le loup dans les yeux avec un aplomb forcené. Et soudain, dans le regard lointain de l'homme qui l'observe, elle voit poindre des larmes.

Quand elle s'arrête, le silence est mouvant, comme si des ondes continuaient d'envahir la pièce. René s'essuie les yeux sans honte et murmure simplement :

— Tu m'as fait pleurer...

La voilà donc cette voix de chair qu'aucune force n'a jamais vaincue. Pas d'école, ou si peu, pas de maîtres, pas de dressage. Une voix à l'état sauvage. Avec des défauts. Mais Angélil va prendre le temps de tailler son diamant. Déjà, à l'état brut, il sait qu'il pourra en tirer quelque chose. Il en fera la plus grande voix du monde de la chanson, l'incitera au meilleur, par ses paroles d'enjôleur. Savait-il la passion brûlante qu'il allait déclencher ? Mais rien n'échappe à la mère tigresse. Prudence. Elle sortira ses griffes de fauve pour défendre sa petite dernière, sa « princesse », son bébé.

D'abord, elle a fait passer au loup le test de la famille Dion. Évidemment, seul face à quinze adversaires – seize moins une – il allait avoir du mal à s'en sortir. Il le passa haut la main.

Il arriva dans sa Buick. Celle qui faisait baver les garçons. Ils parodièrent un de ses anciens tubes. Cela le fit rire aux larmes. Puis il parla de sa passion pour Elvis. Il connaissait toutes ses chansons par cœur et les chanta avec les frères et sœurs de Céline. Et même avec sa mère. Il était incollable sur le rock des années 1960. Il avait assisté aux funérailles d'Elvis, s'était mêlé par ruse au cortège jusqu'à entrer au cimetière interdit à la foule. Il fourmillait d'anecdotes concernant les vedettes du rock'n roll. Il était intarissable et venait de trouver le terreau propice à s'enchanter de ces savoureux détails.

Toutes les sœurs, Denise, Claudette, Ghislaine, Pauline, Linda, et les frères, étaient séduits. On lui trouvait un regard de velours, de l'élégance, du mystère, de l'exotisme, un charme tranquille, une assurance authentique de parieur habitué à jouer gros.

Céline ne disait rien. C'était pour elle qu'il était là. Et pour nulle autre. Dans cette famille en vase clos, il faisait l'effet d'une vigueur nouvelle, venue de l'extérieur secouer le bonheur facile de la maisonnée. Avec ce charme oriental qui le parait d'une aura différente, parlant plusieurs langues, ayant l'air de ne pas y toucher, il apparaissait comme une sorte de prince heureux et sans malice. Avant de partir, il glisse comme ça un ou deux mots qui valaient une bombe. « D'ici quatre, cinq ans, je ferai de Céline une grande vedette au Québec et même en France. »

Il avait déjà passé la porte, et tout le monde se regardait stupéfait, croyant rêver.

Puis il est venu un soir avec un parolier français, Eddy Marnay. Celui-ci, âgé d'une soixantaine d'années, devient peu à peu le confident de Céline. Pendant que René joue aux cartes dans la cuisine, Eddy commence à façonner la jeune chanteuse. Il lui faut désormais habiter, comprendre, les mots qu'elle chante. Ne pas jouer artificiellement de sa voix en la chargeant de fioritures inutiles. Éviter les sons nasillards qui défigurent son timbre. Au sein de cette nichée de jeunes gens débordants de vitalité, il recadre les certitudes prématurées de Céline. Avec elle il reprend tout à la base. Devient son tuteur. Constate l'amour démesuré qu'elle porte à sa mère et à sa famille. Comprend qu'il faut lui écrire des paroles qui collent à sa vie. À quoi cela sert-il qu'elle continue à chanter des mots qu'elle ne comprend pas ?

Céline, un peu désarçonnée, est ravie d'avoir enfin un confident, un conseiller, un professionnel qui lui fait répéter les mots cent fois, avant de pouvoir les chanter.

Quand on lui demande ce qu'elle veut faire plus tard, elle répond, sûre d'elle, « star internationale ». Il lui faudra vingt ans de travail acharné pour y arriver, après avoir corrigé bien des défauts. Le talent visionnaire de René a vu loin. Ce sera long.

Pour sa première apparition à Télé-Métropole, toute la maison est en ébullition. On l'habille en rose de pied en cap. René a prévenu qu'il y aurait un million de téléspectateurs. Mourant de peur, elle entre sur le plateau et oublie son trac dès qu'elle commence à chanter. Dans les coulisses, René lui a dit :

— Regarde une caméra et dis-toi que tu parles à ta mère et qu'elle t'aime.

À treize ans, elle redoute plus l'interview qui va suivre que sa prestation. Lorsque l'animateur lui demande si elle compte prendre des cours de chant, elle rétorque sans ciller qu'elle n'en a nul besoin ! Culottée !

René l'a encouragée dans cette conviction. Elle doit être la première à y croire. Sans restriction. Affirmer haut et clair qu'elle est « capable de jeter tout le monde par terre ». C'est la méthode du Dr Coué. « Tu y crois et tu t'obliges à y aller parce que tu as dit que tu le ferais. » Il lui impose de se regarder à la suite de chaque passage TV. L'horreur ! Elle doit affronter ses défauts pour les corriger en se détestant elle-même. Ce qu'elle fera avec conscience et honnêteté. Peu à peu s'installe une discipline de fer. Elle chante au stade Olympique de Montréal, pour l'Exposition universelle, dans les émissions de variétés. Elle enregistre deux albums, l'un écrit par sa mère, l'autre rassemblant des chants de Noël. Le studio est plein à craquer jusqu'au petit matin, de tous les proches et gens de métier, concernés par sa carrière débutante. Au premier chef, sa mère, qui fume, comme son père. René va y mettre bon ordre. On ne fume pas en présence de Céline.

Avec ses premiers cachets, elle court les magasins avec ses sœurs, Dada et Liette. Elle a la folie des chaussures. Caoutchoucs roses, babouches à plumes, bottes à paillettes, sabots de bois, escarpins en cuir, toutes sortes de talons hauts multicolores, transparents, fluorescents, dans toutes les teintes existantes, parfois, pour un même modèle. Qu'ils lui blessent le pied ou pas, elle les portera tous au moins une fois. René sourit, c'est un domaine dans lequel il n'a pas d'ordres à lui donner, sauf en ce qui concerne les photos destinées à la presse. Elle aime le clinquant, le brillant, le flashy. Elle se voit rockeuse en cuir, vamp en jupe fendue et long fume-cigarette, mannequin adulé sur les podiums, ou meneuse de revue en boa de plumes et diadème de strass.

Or, pour l'instant, auprès du public, elle est une jeune fille sage et douce qui chante, d'une voix étonnante, certes, mais seulement des ballades en l'honneur de sa mère et de ses rêves. « Ce n'était qu'un rêve » ou « La Voix du bon Dieu ».

On est loin de la « Prière païenne » qu'elle chantera en 1995, « Je ne prie pas le ciel, Il n'entend pas » ou « L'amour est un criminel en cavale », paroles de « Qui peut vivre sans amour ? » Celle-là, elle la sculpte, la brandit comme une épée de feu, la grandit, en extrait la folie. La porte jusqu'à l'incandescence tapie derrière les mots. C'est de la grande Céline Dion 2012. Une autre. La prochaine à venir. Celle qui naît de trente ans de passion. Qu'il serait temps de débrider. « Il torture, il foudroie, nous cloue les bras en croix », chante-t-elle de l'amour.

Alors que, à l'époque, une petite fille de treize ans avec une voix de femme vient d'étonner les plus grands professionnels du monde blasé de la chanson.

Ils regardent cependant avec une certaine méfiance ces incroyables canines qu'elle cherche depuis toujours à dissimuler. Elle dit elle-même : « Devant les photographes qui préparaient les photos de l'album, je refusais de rire ou même de sourire. Mes canines étaient si longues et si proéminentes que, même la bouche fermée, elles soulevaient les coins de ma lèvre supérieure. Personne d'autre que moi dans la famille n'était équipé d'une telle denture, pas même mes parents. Je me serais volontiers passée de cette exclusivité. »

En lien ou pas avec ce problème, Céline confie à Eddy Marnay qu'elle n'a pas d'amoureux. L'amour l'a oubliée. Elle se sent seule et croit qu'elle restera toujours seule. Elle pleure et ressent une très grande tristesse bien que la vie lui sourie d'autre part. Eddy a compris. Il lui écrit une chanson qui colle à son état d'esprit : « Et je suis comme une île/en plein océan/on dirait que mon cœur/est trop grand. »

Elle part en tournée avec l'explosif Plastic Bertrand – « Ça plane pour moi » – et la rockeuse Nanette Workman. Ses bluettes gentillettes n'ont rien à voir avec les deux phénomènes dont elle fait la première partie. « Elle va apprendre à se défendre », commente René. Ajoutant, avant chaque entrée en scène de Céline : « Tu vas les jeter par terre ! » Céline se désespère, elle pense que Nanette le fera mieux qu'elle. Mais René a le dernier mot :

— Moi, j'attends que toi, tu me jettes par terre.

Ce soir-là, elle chante pour lui, posté au bas de la scène, les yeux rivés sur elle. Elle oublie la foule et donne tout. L'adolescente brandit sa voix des grands jours. Le public est saisi.

Mais la voix n'est pas tout. Elle doit travailler sa diction, sa technique vocale, corriger ses défauts. Malgré ce qu'elle a dit à la télévision, elle doit prendre des cours de chant avec un grand professeur. Toujours en compagnie de sa mère, René l'emmène à Paris. Il faut casser les certitudes sur son talent qui l'empêchent d'avancer.

À Paris, une certaine Mme Tosca lui fait passer une épreuve redoutable. Assise au piano, elle lui demande de chanter la même phrase pendant une demi-heure. La séquence à peine terminée, sans aucun commentaire, elle lui demande de recommencer. Céline s'applique à faire de mieux en mieux, mais elle se perd et ne sait plus où elle en est. Plus fort, plus haut, plus bas ? La puissance de son souffle, son large registre, ses cordes vocales en acier, ne suffiraient-ils pas ? Non, il va lui falloir trouver en elle l'émotion, l'apprivoiser, chercher la vérité des mots qu'elle prononce. Se calmer. Mme Tosca lui apprend la douleur et le plaisir de chanter, de se mettre en danger. Céline, au bout de cette épreuve, reconnaissante du travail accompli, lui offre des fleurs pour l'avoir mise dans le bon chemin.

Elle enregistre au studio, toujours empli de monde, une chanson dédiée à sa mère, « Tellement j'ai d'amour pour toi ». Parmi les visages collés derrière la vitre de la cabine d'enregistrement où elle chante, elle cherche celui de Thérèse et s'adresse à elle :

« Il peut couler du temps
Sur tes cheveux d'argent... »

L'entraînement chez Mme Tosca a porté ses fruits. À la fin de la première prise, toutes les personnes présentes laissent éclater des cris de victoire. Maman reste muette, la gorge serrée. La femme de fer vient d'être touchée en pleine cible. Elle regarde sa fille, fascinée. Pourtant, ce n'est qu'un début. Tout le monde est heureux. René le premier.

Céline, qui se fait des films dans sa tête à longueur de voyages en avion, en limousine ou en car, se voit déjà sur des affiches géantes, en robe de gala, sous des tonnerres d'applaudissements.

Avec ses sœurs Manon, Dada ou Pauline, elle va voir et revoir *Flashdance* au centre commercial de Repentigny, à l'est de Montréal. Une petite fille pauvre rêve de danser un jour à Broadway. Et Céline, euphorique, se fait sans tarder le film de son propre triomphe, assumant tous les rôles, du producteur au réalisateur en passant par l'interprète principale. Elle se voit déjà épuisée de gloire, comblée d'admiration, couverte de fleurs. Mais c'est juste un film.

Un problème se pose dès lors : est-ce qu'une jeune chanteuse qui fait des tournées, passe à la télévision et enregistre des disques, a encore le temps d'aller à l'école ? René a décidé que non, et Thérèse ne se montre pas très difficile à convaincre. Elle-même est autodidacte et se méfie des têtes trop pleines. Aujourd'hui, Céline dévore les livres d'art, d'histoire et d'architecture dès qu'elle a un moment, mais, à l'époque, elle ne se voue qu'à son rêve. Elle s'est déjà projeté, sur l'écran de ses nuits, les images les plus enivrantes : acclamée à Broadway, adulée à Hollywood dans des superproductions musicales, ou remplissant d'immenses stades, noirs de monde ! Prémonitions.

Et puis il y eut le Japon. Et le concours international Yamaha, à Tokyo. René, discret mais pressant, n'a pu oublier le jour de gloire où un de ses amis chanteur a reçu des mains de Frank Sinatra *himself* le grand prix. C'est un grand souvenir qui le pousse à retrouver les mêmes émotions. Son nouveau poulain ne doit pas rater la marche. L'occasion est trop belle.

Il appelle Céline au téléphone et lui murmure sur un ton de confidence intime, comme un amoureux plein d'espoir, la confiance qu'il met en elle. Cette voix au téléphone ! Quel philtre magique ! L'écolière est loin déjà, c'est une femme qui tend l'oreille. René la fait rêver. En tournée, au restaurant, en voiture, il lui raconte inlassablement la saga des grandes vedettes, Elvis Presley, les Beatles, Barbra Streisand, qui ont chanté à Las Vegas et dans le monde entier.

Ben Kaye, l'agent du groupe de René, les Baronets, les accompagne à Tokyo. Ils sont quatre à prendre l'avion une semaine avant le concours. René, Céline, Ben et Thérèse. Maman est gonflée d'orgueil, de trac et d'émerveillement. Elle se croit indigne d'un tel bonheur ou du moins se persuade-t-elle que cela se paye. A-t-elle vraiment mérité tout cela, les palaces, les chauffeurs de limousine, le monde à ses pieds ? Elle se creuse la tête pour savoir comment y répondre. Alors à l'aéroport, où son fils Paul les a accompagnés, elle se tourne vers lui, lui tend son paquet de cigarettes entamé, en disant :

— Tu peux les fumer, les donner ou les jeter. Je n'en veux plus, je ne fumerai plus jamais de ma vie.

De ce jour, elle n'a plus jamais fumé.

Désormais, les fumeurs sont bannis de l'entourage de Céline. Même son père s'abstiendra de fumer devant elle, grillant ses cigarettes à l'extérieur. Céline conclut de tout cela qu'il va lui falloir mériter ce que le ciel lui donne. Cette idée ne la quittera plus. Elle fera tous les jours ses devoirs de chanteuse, ses vocalises, ses exercices, aussi astreignants qu'ils soient. Elle dira :

— J'ai suivi sans tricher les régimes imposés, j'ai fait silence quand il le fallait, aussi longtemps que c'était nécessaire pour reposer ma voix. Je n'ai jamais dérogé à cette discipline, pas même un jour, pas même une heure.

Et, pourtant, il arrivera que ce régime se change en véritable exploit. À la limite du supportable.

Mais, à Tokyo, elle n'en est pas encore à se demander si elle mérite ce qui lui arrive, elle ne pense qu'à « les jeter par terre ». Les éliminatoires ont lieu les deux premiers jours. La grande finale passe à la télévision le dimanche.

Dans l'amphithéâtre du Budokan, près du Palais impérial, où elle chantera à plusieurs reprises par la suite, une foule de douze mille personnes est rassemblée. On a tiré au sort l'ordre des passages. Elle est tombée sur le numéro 5. Comme le parfum Chanel, lui précise Ben. Et comme 5 se dit *go* en japonais, René considère que c'est un excellent présage. Immense scène, public énorme, millions de téléspectateurs. Un certain vertige la prend. Elle est retenue pour la finale. Et tire à nouveau le 5. Ce sera son ordre de passage pour le lendemain.

Elle se couche le soir le cœur oppressé comme dans les serres d'un oiseau de proie. Le monstre aux douze mille têtes qui l'attend dans le stade va-t-il la dévorer toute vive ? Où trouver la force de l'affronter sans chanceler ? Auprès de René, toujours, qui, loin de minimiser l'enjeu, lui en fait voir toute l'importance décisive. Elle doit vaincre, elle n'a pas le choix. Elle n'est pas ici pour perdre mais pour gagner. Elle en est capable. Ce discours viril lui redonne de l'aplomb. Elle a beau n'avoir que quatorze ans, il lui parle en partenaire, en adulte. Et c'est ce qui la comble.

Le lendemain, elle entre sur scène dans une robe légère de coton blanc. Un peu légère pour la météo, mais pas pour les spectateurs ! Elle aperçoit par terre une petite pièce d'argent qui brille. C'est une pièce de 5 yens. Rapidement elle la ramasse et la met dans sa chaussure, comme porte-bonheur, car sa robe n'a pas de poches. Elle va gagner, c'est sûr. Elle sent la pièce sous son pied comme une petite fée protectrice, un talisman qu'elle gardera toujours. Le « monstre » est devenu un bon géant qui n'attend que de lui dire son amour. Elle chante « Tellement j'ai d'amour pour toi », non pas comme dans la cuisine de Charlemagne, ou lors des premiers concerts avec Plastic Bertrand, mais en plaçant sa voix dans une structure technique nouvellement apprise. En faisant attention à donner son âme sans pour autant s'abandonner.

Elle reçoit le grand prix, *ex æquo* avec le candidat mexicain. Les musiciens de l'orchestre se lèvent pour l'applaudir. En répétition, elle les avait remerciés la veille, sur les conseils de René, pour leur accompagnement. Elle a tellement de reconnaissance envers tous ces talents mis au service du sien ! Quand on lui a donné le prix sur scène, elle a pleuré de joie et d'émotion.

Dans les coulisses, René pleure aussi et maman également, toutes les larmes de son corps, elle qui ne pleure presque jamais. Les Japonais se détournent, gênés par ces torrents d'eau salée tout à fait inhabituels chez eux.

Eddy Marnay n'ayant pas pu venir car il est souffrant, lui dit son bonheur au téléphone. Céline explose de joie et bégaye, dans les sanglots, des remerciements à celui qui a déjà tant fait pour elle. C'est un des plus grands paroliers français. Il a écrit pour Édith Piaf, Charles Aznavour, Mireille Mathieu ou Claude François de nombreux titres qui sont devenus des succès. Elle voit les effets de son travail sur elle et en éprouve une profonde gratitude.

René qui n'aime que la cuisine exotique, le Coca-Cola et le jeu, a décidé d'initier sa famille québécoise à tout ce qu'il aime en général, et au poisson cru en particulier. La cuisine de Thérèse est loin, il faut s'ouvrir au monde. Même si ses pâtés de viande, ses tourtes et ses tartes ont enchanté des milliers de repas, il va falloir se mettre aux sushis. Le soir, au banquet donné en l'honneur du festival, René, assis loin de Céline, lui fait signe que le moment est venu de l'épreuve du poisson cru. Elle avait dit que si elle gagnait, elle en mangerait. Il brandit un morceau de thon rouge dans ses baguettes. Céline, pour retarder un peu le moment fatidique, commence par engloutir une bouchée de… wasabi. Elle devient rouge pivoine, manque s'évanouir, et attire tous les regards sur elle, déclenchant le rire des convives. René s'est précipité. Il se met à genoux à côté de sa chaise, et attend qu'elle puisse à nouveau parler. Et surtout chanter. Il lui demande d'essayer. Là, tout de suite. « Tu es sûre que tu peux ? » insiste-t-il, très inquiet.

Mais Céline est déjà remise. Il est tout près d'elle. L'occasion est tentante. Sans réfléchir, pour le rassurer, pour l'amuser, elle murmure, juste pour lui, une chanson d'amour. Ou plutôt de drague. « Are you lonesome tonight ? » René ne rit pas ; il prend soudain un air grave. Il la serre dans ses bras de toutes ses forces et retourne à sa place sans un mot. La gamine, électrisée par son succès, n'a pas hésité à trahir un peu de son secret. Oui, cet homme lui plaît, et maintenant, il le sait. Elle a pris sa voix de velours et le monsieur qui la guide depuis un an maintenant a senti le danger, la folie, l'effleurer. Ce chant n'était que pour lui. Maman n'a pas vu, en tout cas elle n'a pas entendu. Le secret reste entre eux deux. La soirée se poursuit dans le bonheur. Céline mange du poisson cru et y prend goût. L'ambiance est au beau fixe. La jeune fille n'est pas peu fière. À juste titre. Aidée d'une interprète, elle répond aux questions sur le Canada, la neige, les Esquimaux, les loups, les ours, la police montée, les arbres rouges de l'automne. Depuis ce jour, dit-elle, j'aime le Japon. Et René.

Puis c'est le retour triomphal au Québec. Elle croule sous les oursons, les grenouilles en peluche. La télé, la radio ne parlent que d'elle et de son grand prix du Japon. Le Premier ministre, René Lévesque, la félicite. Les journalistes interviewent son père, veulent des photos, des détails sur son âge, son enfance. Le lendemain du jour où elle chante dans un mégashow, au Forum de Montréal, sa photo paraît dans tous les journaux.

René est aux anges. Il prépare une énorme campagne de promotion pour la sortie de son prochain album. Remue ciel et terre pour trouver les meilleurs arrangeurs, les meilleurs compositeurs. Demande à Luc Plamondon, le célèbre parolier de la comédie musicale *Starmania*, d'écrire des chansons. À Hubert Giraud, l'auteur de « Mamy Blue » que Céline adore et chante depuis qu'elle a cinq ans, de travailler pour elle. Il lui fait rencontrer les journalistes de presse et de TV. À qui elle n'a rien à dire. Surtout lorsqu'ils veulent savoir si elle a un amoureux. Là, silence. Son cœur s'arrête. Non, elle n'a pas d'amoureux. Comment avouerait-elle le nom de celui qui a déjà pris son cœur ? C'est un tel secret.

Or, voilà que, pour les fêtes, René, sa femme et ses enfants, partent dans le Sud. Deux semaines creuses, sans engagement, sans promo, sans télé, sans concert. L'effervescence retombe tout à coup. Céline s'aperçoit que René est le moteur, l'instigateur unique de ce tourbillon qui l'emporte depuis un an. Lui parti, elle vacille au bord du vide. Elle comprend que cet homme, à côté d'elle, est inventif, intelligent, audacieux, qu'il lui est devenu indispensable. Son cœur a déjà tressailli, sans doute, mais c'est plus grave que cela. Il semble qu'il est devenu le pivot de sa vie. Céline est soudain très triste. « Son » homme lui manque. Sa mère, qui la suit comme son ombre, partout, tout le temps, essaye de savoir ce qu'il se passe. Céline pleure et ne peut ou ne veut pas mettre de mots sur ce qu'elle ressent. Son père, Adhémar, au prénom improbable, discret, attentif, délicat, voit la tristesse de sa fille cadette, sans en connaître la cause. Il n'aime pas le malheur. Un soir où elle n'a envie de voir personne et semble si abattue, il prend son accordéon et joue de longues heures pour elle seule, afin qu'elle retrouve le sourire. Céline a une immense tendresse pour son père. « Il est très habile de ses mains, dit-elle, il peut construire une maison entière, les fondations, la charpente, poser les fenêtres, les câbles électriques, l'isolation, la plomberie, tout. Il l'a fait. » Mais, surtout, Adhémar est un incroyable joueur d'accordéon. Quand il joue, debout, contre le mur de la cuisine, ou dans le salon, « c'est tout moelleux et joyeux, très doux, comme lui… Il n'a plus le même regard, il sourit tout le temps. » Il met du *soul* dans sa musique, improvise, mélange les genres, reprend un riff de guitare rock, une gigue ou un rigodon ancien, en lançant force œillades malicieuses. « Mon père est le champion du monde des clins d'œil. Quand il joue de l'accordéon, il peut devenir un dangereux séducteur ! » dit Céline. Quand il a connu Thérèse, il avait vingt ans et elle seize, il jouait de l'accordéon, elle, du violon. Ils ont fait de la musique, se sont mariés et ont eu quatorze enfants en vingt-deux ans !

Long, maigre et poétique, il semble sorti tout droit de la période bleue de Picasso. Son accordéon ne le quitte pas depuis l'âge de sept ans. Quand on lui demande s'il est ému de voir sa fille chanter, il répond les yeux pétillants d'émotion : « J'suis tellement émotionné que j'pleure pas des yeux, j'pleure en d'dans. » Son regard bleu outremer s'illumine au-dessus d'une élégante et fine moustache blanche. « Je me suis aperçu que y'aurait une grande star dans la famille », ajoute-t-il. Il a de longues mains de musicien poète comme celles qu'il a léguées à sa fille.

Aujourd'hui, quand elle chante « Parler à mon père », la belle chanson de Jacques Veneruso, elle nous retourne le cœur, mais sans douleur, seulement par la marque précieuse du style célinien : l'émotion. Simple. Vraie. Forte. Pour tous. Alors comment ne pas la croire quand elle raconte les repas de son enfance ! Seize à table ! Le père a dit qu'on se taisait. Pour éviter la foire. Les enfants, rieurs, quoique interdits de parole, prennent leurs fourchettes, leurs cuillères, et font de la musique sur les pots de moutarde – de marinade, dit Céline – ou de mayonnaise. Si papa Adhémar proteste : « Je vous ai demandé… » Il a sa réponse : « Mais papa, on parle pas, on fait de la musique ! » Ils en ont tellement besoin, tous, qu'elle leur sort par les bras, par les jambes, par la bouche.

Avec sa tchatche habituelle, dans ses premières interviews, Céline dit :

— Ma mère voulait faire une famille. Mon père voulait pas d'enfants. Qui qu'a gagné ?... »

Thérèse en a fait quatorze ! Même que, pour la dernière, elle a eu très peur. Elle a tant redouté que ce dernier enfant soit handicapé ! À l'époque, après quarante ans, on considérait comme une folie d'enfanter à nouveau. Elle s'était sentie coupable de « courir après le feu ». Et pourtant. Et pourtant, elle lui a écrit cette première chanson prémonitoire :

Ce n'était qu'un rêve
Mais si beau qu'il était vrai.

À un moment où Céline n'a pas encore bien réalisé que c'est *son* rêve. Le rêve de sa mère, le sien : une seule et même chose. Divination maternelle. Mais passion aussi de la mère pour la chanson depuis toujours. Elle a nommé sa fille « Céline » par amour de la chanson d'Hugues Aufray qui passait cette année-là, en 1968, sur les ondes.

Dis-moi, Céline, les années ont passé,
Pourquoi n'as-tu jamais songé à te marier ?

Cette Céline-là est restée célibataire pour élever ses frères et sœurs orphelins. Thérèse fond d'émotion chaque fois qu'elle entend ces paroles à la radio. C'est décidé, sa cadette s'appellera Céline. Certaines des autres sœurs ont, semble-t-il, eu moins de chance dans le choix de leur prénom. Autre époque.

Qui aurait cru que la petite fille aux grandes canines et aux cheveux frisés deviendrait une star mondiale à force de travail ? Dès le départ, il y avait cette voix hors du commun. Qu'il fallait porter jusqu'aux nues. Jusqu'aux étoiles. Il fallait croire au miracle. Celui qu'elle chante aujourd'hui sous les *sunlights* du monde entier.

Le miracle est en nous, mon amour,
Sauras-tu le voir ?

Belle, sage et folle, consciente de tout ce chemin accompli. Ayant conquis le bonheur qui ne se donne pas. La magie était là. Il fallait la capter, la vivre. À travers les péripéties les plus terribles et les plus belles. « Ma mère a sauvé mon père. De l'alcool », dit Céline. « La musique a su lier mes deux parents. Mon père était un être exceptionnel. Mais ma mère l'a sauvé. » Thérèse porte la culotte. Elle a en partie élevé les quatorze enfants. Elle a tenu son mari hors de la chute. C'est pourquoi, aujourd'hui, Céline chante :

Je veille sur celle qui m'a tout appris.

Celle-là, c'est Thérèse, sa mère, la femme d'amour, la femme de fer. Celle qui ne s'est jamais plainte. Sauf sur son violon où elle faisait courir les danses folkloriques et les berceuses d'antan. « Je veux lui montrer qu'elle a fait de ce quatorzième enfant une bonne personne », dit Céline. Comment n'aurait-elle pas réussi avec l'entourage fanatique, dévoué, aimant que furent ses treize frères et sœurs ? La petite dernière, arrivée le 30 mars 1968, six ans après les jumeaux, Paul et Pauline, est l'objet de toutes les attentions de ses aînés. « Ils me regardaient, me bichonnaient, m'adulaient. Ils se disputaient le soir pour savoir qui me prendrait dans son lit. » À cinq ans, elle chante au dîner, debout sur la table de la cuisine. Les autres l'accompagnent armés de toutes sortes d'instruments étonnants, casseroles, cuillères de fer ou de bois. Clément à la batterie, Jacques à la guitare et Daniel, au clavier. Elle n'a peur de rien ni de personne, chante au mariage de son frère Michel qui est aussi chanteur et musicien. Tout le monde rit et applaudit le petit phénomène.

Il y a aussi le rêve sans entrave d'une mère intelligente et simple. La volonté farouche d'un homme qui a misé sur elle. Dans tous les sens du terme d'ailleurs, puisque René, pour produire les débuts de sa perle rare, n'a pas hésité à hypothéquer sa maison, puis à faire faillite momentanément. Il est joueur aussi, et passe du temps sur les tapis verts de Las Vegas qui, du reste, seront un jour à lui.

René n'est jamais vraiment en vacances. Il ne cesse d'être en ligne avec des dizaines de personnes. De son île, il a déjà organisé le prochain tourbillon qui va emporter sa chanteuse. En cette année 1983, Céline va se produire au gala du Midem, qui se tient à Cannes chaque année en janvier. C'est le plus grand marché international du disque. Car en France, pour l'instant, cela se passe mal. Céline n'a pas encore trouvé son public. Ou son public ne l'a pas encore découverte.

Autour du Palais des Congrès de l'époque, René a fait poser de gigantesques bannières sur lesquelles Céline se balance aux vents marins. Son nom s'étale en lettres immenses. Tous les producteurs de tournées, de galas et les programmateurs de radios sont là. Céline est piquée au vif par le défi qui lui est lancé : les séduire en une chanson.

Une fois sur scène, devant cette vaste salle éclairée, elle voit la foule des visages, captive, tournée vers elle. En entendant sa voix, les professionnels ne s'y trompent pas. Ils s'immobilisent dans leur fauteuil et leur écoute attentive devient tangible. Céline s'en rend compte. Elle est devant des gens qui savent de quoi il s'agit. Sa voix, comme une plante sauvage à peine domestiquée, mais si prometteuse, vient de les scotcher sur leur siège. Elle sait qu'elle a gagné.

Et le tourbillon s'accélère. Les grands patrons des radios nationales la programment. Michel Drucker l'invite à son émission « Champs-Élysées ». Pas dans quinze jours, non, pour la prochaine, le surlendemain. René jubile. « Ils ont dû déprogrammer quelqu'un pour toi. » Triomphant, il déclare à Céline :

— Tu sais que Drucker, c'est le Ed Sullivan français ! »

Elle ne sait pas qui est Ed Sullivan. Et René de lui expliquer qu'il a reçu les plus grands de la chanson : Elvis, les Beatles, les Stones. Il l'imite, le dos courbé : *« Ladies and gentlemen... the greatest voice in the world... Céline Diooooooooon ! »* Tout le monde est dans un état d'excitation indescriptible. Céline a emporté sa petite robe blanche de Tokyo. Elle a des pantalons, des vestes, des robes, et ses sœurs courent les magasins de luxe pour lui acheter des pulls, des jupes, des jeans. On la coiffe pendant des heures à l'hôtel Crillon où ils sont descendus. On la briefe sur Michel Drucker (« s'il te prend par le cou, s'il te parle, s'il te prend la main, dis-toi que t'es devenue une grosse vedette »), on la maquille, on lui donne des conseils pour tenir son micro loin de la bouche, ne pas attaquer trop fort dès le début. Eddy Marnay, sa femme Mia, Anne-Renée, l'épouse de René, les pontes de Pathé-Marconi, sa maison de disques, Thérèse, Linda, sa sœur, et plein de gens, nécessaires ou pas, tout un monde s'agite autour d'elle.

René veut conduire la voiture d'un ami pour aller au studio. Ils adorent se lancer des défis comme de prendre la place de l'Étoile à l'envers. Là, au bout de quelques mètres, il emboutit une voiture. Il laisse la voiture et le copain en plan et se lance dans une course folle avec Céline sur la place de la Concorde pour trouver un taxi. Quelques minutes plus tard, ils sont au studio des Champs-Élysées pour la répétition. Les yeux de Céline brillent d'excitation. Tout l'enchante. Elle est la curiosité du show du fait de son jeune âge. Chacun est plein d'attention pour elle. Thérèse parvient à glisser à Drucker :

— Prenez soin de ma petite fille.

Céline a quinze ans, elle n'est pas si « petite » que le croit sa maman. Pendant la répétition elle chante « D'amour ou d'amitié », la chanson qui illustre ce grand dilemme envers René, qu'elle a confié à Eddy Marnay. Drucker vient la féliciter et lui dit qu'il parlera trente secondes avec elle après sa prestation.

Oui ou non, les a-t-elle eues ses trente secondes ? Non, René n'est pas satisfait. Il faut mettre la barre plus haut. Impressionner l'animateur, l'émouvoir, le sonner. Il a trop l'habitude des grandes vedettes.

Le jour de l'émission, quand Michel Drucker annonce l'entrée en scène de Céline, René est tout près d'elle dans les coulisses, sa tête penchée contre la sienne. C'est devenu un rituel. Il lui influe sa force en murmurant : « C'est toi la meilleure, tout le monde t'aime », de cette voix qui lui fait tant de bien. Et il la pousse doucement dans la lumière. Elle travaille cette chanson avec lui depuis des jours entiers. Au bord du feu qui couve. La possède, la vit totalement. Elle qui s'interroge sur ce qu'elle ressent si fort.

Drucker est convaincu. Il vient vers elle, l'embrasse, lui tient la main et lui parle un bon moment. Il a compris ce qui se passe avec cette toute jeune fille. C'est juste le début d'une carrière fabuleuse. Il le sait. René est fou de joie. Il demande à Céline :

— Tu sais ce qu'il a dit pour te présenter ?

Non, elle ne sait pas. Des coulisses, elle n'a rien vu, elle était dans un autre monde.

« Il a dit : "Mesdames et messieurs, vous n'oublierez jamais la voix que vous allez entendre. Retenez bien ce nom : Céline Dion." »

René répète cent fois ces mots magiques dans la soirée, sur tous les tons. Il les reprendra pour qu'ils deviennent le slogan de CBS.

Les disques d'or, de platine et de diamant déferlent de tous côtés. « D'amour ou d'amitié » monte au sommet des ventes et s'y maintient jusqu'à l'été. Cette-année-là, Céline traverse vingt fois l'Atlantique pour des galas entre Paris et Montréal. Grands hôtels, boutiques chic, vols en première classe, chauffeur de maître, scandent sa vie tourbillonnante. Tout cela est soudain, brutal, l'éloigne de sa fratrie. Rien ne sera plus jamais pareil. C'est un rêve cruel qui brille de mille feux. Thérèse ne la lâche pas d'une semelle. Eddy Marnay reste le confident idéal. Ils marchent tous les deux dans Paris pendant de longs moments au cours desquels Céline se confie. Avec lui, elle fait peu à peu le deuil de son enfance. Il va lui écrire son dernier album d'adolescente. Avant qu'elle entre dans son âge de femme.

Pour l'heure elle est toujours dans les jupes de sa mère. Et cette situation l'empêche encore de se comprendre. D'ailleurs, elle n'a plus le temps pour rien, ni pour des amis ni pour des amours. Elle n'est plus entourée que des intervenants de sa carrière. Y consacre tout son temps, toute son énergie, sept jours sur sept. Même en mangeant et en dormant, elle se plie à une discipline d'enfer, avec pour seul but refaire ses forces. Tout est calibré dans cet esprit. Les caméras de Télé-Métropole la suivent jusque dans sa cuisine de Pointe-aux-Trembles où elle a acheté une maison. Jusque dans sa chambre. René, qui ne perd pas de vue son projet à long terme, leur a déclaré qu'elle serait un jour « la plus grande chanteuse du monde ». Ensuite il s'excuse d'avoir manifesté son impatience, mais affirme qu'un jour cependant, tu verras, ce sera vrai.

Pour l'ouverture du théâtre Félix-Leclerc, René a décidé que Céline chanterait une des chansons de cet auteur-compositeur dont la voix rocailleuse s'est attachée à des titres éternels comme « Moi, mes souliers » ou « Le P'tit Bonheur ». Elle chantera « Bozo ». L'histoire déchirante d'un pauvre hère amoureux d'une fée qui n'existe pas. René la lui fait répéter sobrement, sans effet, sur un tempo très lent, pendant des heures et des heures. Céline est sûre que cet amoureux transi, c'est elle. C'est elle la pauvre folle sans amour, qui aime à fonds perdus. Quand on acclame son interprétation, ses larmes coulent. Bozo, messieurs, dames, c'est moi. C'est pour cela que vous y avez cru.

Elle chante ce qu'elle vit. Il y en eut une autre qui chanta ce qu'elle vivait. L'amour et ses affres. Une très grande : Édith Piaf. Avec toutes les nuances qui les distinguent l'une de l'autre, on retrouve en chacune d'elles l'être brut, dont la voix est le corps même de l'amour. Certes, le bonheur ne peut se vivre que dans l'intimité de deux personnes faisant l'amour, mais la voix, l'impudique et mystérieuse voix, peut « trahir » l'amour. C'est ce qui enchante et déchaîne les foules. Ce qui leur tire les larmes. Comme si la voix nous rendait l'amour dans son essence première. Hors sexe. Mais issu en direct de la chair. Car l'amour est chair et mystère à la fois. Des centaines de millions de personnes ne s'y sont pas trompées. Ce sont les fous de Céline. Les fous de l'amour.

Au gala de l'Adisq, la version québécoise des Victoires de la musique en France, ou des Grammys aux États-Unis, elle reçoit quatre trophées, dont celui de la meilleure interprète féminine, de la meilleure chanson et de la révélation de l'année, et, chaque fois, elle verse d'abondantes larmes. La foule est saisie d'un fou rire lorsqu'elle entend son nom pour la quatrième fois. Céline sanglote et hoquète à nouveau pour aller recevoir ce dernier trophée. La pression des mois précédents a été trop forte, sans doute, mais surtout Céline vit un grand chagrin d'amour. Aussi démesurément grand que ceux qu'on vit à quinze ans. Ceux dont on ne se remet jamais. Dans les journaux du lendemain, personne ne se doute que ce visage tuméfié est celui de l'amour en pleurs.

Céline reconnaît d'ailleurs détenir le record absolu des larmes. Ses crises de sanglots ont fait la joie des critiques et des chroniqueurs. Et aussi des imitateurs qui en faisaient des sketches hilarants. Rire aux larmes ou pleurer. Les gens qui pleurent sont bénis, lui a dit Eddy Marnay. Chez les grands spirituels ne parle-t-on pas du « don des larmes » ? Dans son album *Sans attendre*, Maxime Le Forestier lui a écrit une petite ballade sur le sujet :

Moi quand je pleure c'est pour de bon
J'aime pas lancer mes larmes en l'air.

C'est une petite boîte à musique qui l'habite depuis toujours. Elle dit : « Pleurer, je l'ai toujours fait sincèrement. Ça fait partie de moi. C'est moi, Céline, qui ai toujours pleuré. » Aujourd'hui où tant de bonheurs lui sont venus, elle contrôle peut-être mieux ses larmes. Quoique. De tels bonheurs ouvrent les vannes aussi. Le souligner dans une chanson, c'est l'admettre avec humour, prendre conscience de soi-même, de sa nature profonde.

C'est un peu mystérieux, les larmes. Et ça le restera. Mais son humour n'est jamais loin. Lorsque Maxime Le Forestier vient la voir chanter à Las Vegas, elle lui demande :

— T'es venu souvent ici ?

Et lui de répondre, maladroitement :

— La dernière chanteuse que j'ai vue à Vegas, c'était Liza Minnelli !

Et Céline, malicieuse :

— Bah dis donc ! Tu sors pas beaucoup !

Et elle éclate de rire gentiment.

La douleur

Les deux grandes scènes de larmes qu'elle nous a offertes restent inoubliables. D'abord, en 1992, au cours d'une interview, au Québec, avec Lise Payette. Ce jour-là, elle vide une boîte entière de Kleenex, incapable de prononcer un mot qui ne soit baigné d'eau salée. La journaliste lui a demandé si elle avait un amoureux. Catastrophe ! C'est un point brûlant qu'il ne faut pas aborder ! Céline aime René, mais maman ne veut pas. Point. René, dans le studio, pleure aussi. À l'époque, il n'est pas encore séparé de la mère de ses deux enfants, Anne-Renée.

Thérèse voit avec colère cet homme, de près de trente ans de plus que sa « petite princesse », lui dérober sa fille et prendre la place d'un amoureux éventuel, de son âge. Elle refuse que Céline se déclare officiellement envers cet homme-là. Mauvais pour sa carrière, mauvais pour sa vie. Cela pourrait faire jaser – ce qui, en son temps, ne manquera d'ailleurs pas de se produire. Céline est dans ce dilemme cruel, renoncer à l'amour ou renoncer à sa mère.

Impossible ! L'un et l'autre lui sont aussi nécessaires. Ils se partagent son cœur.

René est chaque soir assis dans le public. Il assiste au spectacle pour ensuite le commenter. Ne reste jamais dans les coulisses comme le font d'autres producteurs moins consciencieux. Puis il vient voir Céline et sa mère dans leur chambre d'hôtel. Il reprend chaque chanson, tout ce qui s'est passé dans le show ce soir-là. Au point que Céline, toujours pleine de malice, s'écrie :

— Ma foi du bon Dieu ! Il fait comme si je n'avais pas été là et me raconte en détail ce que je viens de faire et dire !

C'est seulement pour faire un mot. Car Céline goûte avec délice le soin que René prend d'elle.

René débriefe, puis il l'embrasse sur les deux joues, et la laisse avec sa mère, après s'être assuré que rien ne leur manque. Enfer et douleur ! Où va-t-il ainsi ? Sans elle ? Il va rejoindre ses amis, jouer aux cartes, voir un spectacle de cabaret. Vivre dans un monde mystérieux où elle rêve d'entrer avec lui. Un monde qui l'attire. Glamour, excitant, scintillant. Elle se met au lit, déçue, avec cette douce brûlure sur les joues. Ce parfum masculin qui plane. Elle a à peine seize ans. Et maman veille farouchement. Céline ne lui a pas avoué qu'elle est amoureuse de René. Elle lui a dit cent fois qu'elle le trouve beau, ce qui est déjà beaucoup pour une mère qui devine tout. Mais elle n'a pas osé lui dire qu'elle rêve de lui toutes les nuits.

Se fait des films très chauds où il l'emmène sur une île déserte pour lui faire l'amour ! Thérèse ignore les épisodes torrides dont il est le héros.

Céline se console avec une photo de lui qu'elle porte en secret et regarde mille fois par jour dès qu'il est absent. À l'insu de sa mère, elle la couvre de baisers le soir avant de s'endormir, la glisse dans son cou, sur ses épaules, comme une caresse, puis la cache sous son traversin. Sauf le jour où elle s'est réveillée, la photo de son amour bien en vue sur l'oreiller ! Thérèse était déjà prête, habillée, avait tiré les rideaux. Elle ne pouvait pas ne pas avoir vu la photo. Céline tressaille. Elle redoute que sa mère en parle à René et lui dise qu'il a intérêt à faire attention à sa fille s'il ne veut pas avoir affaire à elle.

Mais René est prudent. Il a une autre vie et n'a en tête que la carrière de Céline. Dès qu'il n'est plus question de métier, il semble à l'adolescente qu'elle n'existe plus à ses yeux. « Je redevenais pour lui, dit-elle, une petite fille ordinaire, pas trop jolie, avec des canines démesurément longues et proéminentes, des sourcils trop épais, le visage trop long, baignant encore dans ses rondeurs, avec un gros nez et des lèvres trop minces. »

Il ne parle qu'à la chanteuse mais jamais d'elle dans la vraie vie. Du coup, elle ne peut faire l'amour avec lui que de la scène.

Quand elle l'aperçoit dans l'ombre, au milieu du public, dans les premiers rangs, et qu'elle le voit applaudir, ne pas la quitter des yeux un instant, attentif, tellement attentif, elle donnerait tout pour lui. Et c'est ce qu'elle fait. Pour qu'il la trouve excellente, pour qu'il lui redise encore « c'est toi la meilleure » et qu'il verse des larmes en entendant sa voix amoureuse. Elle profite des moments qu'il lui consacre ensuite comme des seuls moments voluptueux qu'elle peut obtenir de lui ; ne peut plus se passer de ces instants-là. C'est leur rendez-vous quotidien. Mais Thérèse y assiste. Céline devient folle. Elle étouffe de ne pouvoir se livrer à celui qu'elle aime.

Plus tard, René avouera :

— Ah ! elle m'a eu ! Ça c'est sûr, elle m'a eu ! Absolument. Nous deux, on a vu que c'était parfait.

Céline ne rêve que de crier au monde son amour. Le vivre au grand jour. Mais la caricature du vieux manager qui « s'offre » sa chanteuse, non. C'est le cauchemar de Thérèse. Et, sans doute, celui de René. Pourtant, dans ses interviews, Céline lance des appels désespérés à celui dont elle rêve :

— J'ai toujours envie de dire à l'homme que j'aime : « Quand je suis avec toi, je me sens plus belle ! »

René est lui-même bouleversé devant ce débat cornélien. Il avouera plus tard avoir été très tôt fou de cette adolescente passionnée. « Moi aussi, je suis un peu trop sensible. Moi aussi je pleure souvent », dira-t-il.

Une autre fois, elle a offert son chagrin au public. Quand elle chante, elle sait qu'elle ne doit pas gâcher son émotion en larmes vaines. Il lui faut la garder secrète pour en habiter ses paroles et sa voix. Mais le soir de la mort de son père, elle est sur scène. Elle annonce :

— Ce soir est un soir spécial pour moi, c'est aussi très difficile… j'ai perdu mon père ce matin…

Elle a les cheveux mi-longs, blond platine ; sur son visage pâle déjà les larmes coulent.

— J'ai insisté pour venir, parvient-elle à dire encore, puis les mots se hachent dans les sanglots. La foule explose en clameurs chaleureuses. Elle avale ses larmes. Lutte de toutes ses forces.

— Mon père… était… est encore… mon plus grand fan, depuis que… je suis toute petite.

Les larmes coulent. Elle les écarte prestement. Importunes. Elle reprend, arc-boutée contre la douleur qui l'envahit :

— Et je sais que mon père aurait voulu… que je sois là ce soir en scène, avec tous ceux que j'aime, à faire ce qu'on aime.

Les larmes coulent toujours sur ses joues comme une source naturelle sans qu'un seul de ses traits se défigure. Son visage est un visage de cire qui parle.

— Et… on se croit toujours si fort… mais, je sais qu'il est là. Et ce soir, pour lui, pour vous, je donnerai le meilleur de moi-même. Je donnerai tout ce que j'ai… Je voudrais dédier ce show à mon père.

Elle chante en larmes, la voix vampirisée par le chagrin, luttant pour reprendre son souffle qui la fuit, tournant le dos un instant pour retrouver sa voix qui la lâche. Crachant sa douleur dans des respirations courtes. À genoux, entre deux sanglots. Partageant sans honte son chagrin.

Quels sont ceux qui auraient préféré qu'elle se cache, pour se livrer ensuite sur elle au plaisir de la chasse ? Ils détestent qu'elle leur coupe l'herbe sous le pied, en disant tout avant qu'ils s'en emparent. Pourquoi aurait-elle vécu ce malheur dans une chambre en annulant son concert ? Pour qu'ils puissent vendre ensuite des papiers fantasmés ? Ceux qui l'aiment sont là. Elle a besoin d'eux. Le reste ne compte pas.

Céline dira :

— J'ai dû travailler fort et longtemps pour canaliser mes émotions et retenir mes larmes. C'est un travail cruel. Il faut arriver à saluer, à sourire, à prendre les applaudissements et les ovations en plein cœur, tout en empêchant sa gorge de palpiter, fermer les yeux sur une larme menaçante, penser au maquillage.

Il est impossible de chanter en pleurant. La gorge se grippe. Le souffle bégaye. Elle le sait.

Un soir d'août, dans le Vieux-Port de Québec, elle donnait un gala à l'occasion du 450e anniversaire de la découverte du Canada par Jacques Cartier.

Soudain, attirés par les lumières, de véritables nuages d'éphémères se sont mis à tournoyer autour d'elle. Elle en avait dans le nez, dans les yeux, les oreilles, la bouche. Ils passaient sous sa robe et lui chatouillaient les jambes. Elle crut étouffer, se refusant à cracher devant les milliers de spectateurs. Elle dut se forcer à avaler les insectes entrés dans sa bouche. Au premier rang, ses sœurs, Claudette, Denise, Pauline, Louise, Ghislaine, Dada, Manon, se tordaient de rire en la voyant déglutir péniblement. Ce fut un horrible moment. Mais pas plus compliqué cependant à vivre que le jour de la venue du pape à Montréal, où deux mille jeunes rassemblés pour l'accueillir ont déployé une immense colombe qui ouvrait lentement ses ailes dans le ciel. C'était si grandiose et si émouvant que Céline se souvient :

— J'ai terminé ma chanson « La Colombe » en pleurant à chaudes larmes à cause du pape, de la colombe, de la foule et du soleil apparu juste au bon moment.

Elle ne réussissait pas encore à retenir ses pleurs malgré tous ses efforts, mais quand même à pleurer en chantant, ou à chanter en pleurant, sans que sa voix se mette immédiatement à chevroter ou à se briser.

Cette émotion qu'elle restitue sur scène s'enracine dans de lourds chagrins. Elle a neuf ans lorsqu'elle voit sa mère, les yeux pleins de larmes, parler tout bas au téléphone avec ses frères et sœurs déjà partis de la maison. Quelque chose de terrible vient d'arriver.

Le bébé de sa sœur Liette, Karine, est atteint de mucoviscidose. La petite a été transportée en ambulance à l'hôpital Sainte-Justine. On craint qu'elle ne vive pas. C'est le premier grand malheur qui frappe depuis que le grand-père Dion avait été écrasé par un train à quelques pas de la maison. On lui a raconté ce drame, mais elle n'était pas née lorsque c'est arrivé. Elle adore les enfants de ses sœurs et cette condamnation d'un nouveau-né lui semble injuste et cruelle.

Karine ne meurt pas, mais Liette devra l'entourer à tout instant de soins, l'empêcher d'étouffer en la massant, lui faire prendre des médicaments, veiller à un régime très strict. En sachant la lutte perdue d'avance. À l'époque, les progrès de la médecine dans ce domaine sont encore bégayants. L'espérance de vie est de quelques années seulement. Ses frères et sœurs partis de la maison, Céline, si jeune, va se prendre d'amour pour cette petite fille fragile. Karine a de grands yeux tristes. Jamais elle ne jouera aux jeux des enfants de son âge. Elle n'assimile que peu d'aliments et reste maigre et anémique. Quand elle vient chez Thérèse et Adhémar, Céline l'entraîne dans la chambre des filles pour écouter de la musique pendant des heures, ou lui chanter des chansons devant le grand miroir. Pour la distraire de son mal, elle lui donne de petits concerts.

En fait, cette enfant qui se bat pour sa survie donne un fabuleux exemple de courage à sa toute jeune tante. Au cours des années, tandis que la chanteuse monte au zénith du succès, elle voit Karine s'affaiblir de mois en mois, sans révolte, menant cette petite vie d'oiseau menacée. À huit ans, elle est déjà au milieu de sa vie et continue à lutter de toutes ses forces, donnant à sa famille un exemple troublant de destin fracassé.

Cette réalité de la souffrance, Céline n'en avait pas idée, protégée qu'elle était par un essaim de gens à son service. Emportée dans une farandole perpétuelle de luxe et de plaisirs. L'image de Karine qu'elle a constamment à l'esprit la ramène à un autre aspect de la vie qui lui échappait jusque-là. Les yeux bleus de Karine ne la quittent pas, doux, rêveurs, traversés parfois d'une gaieté d'enfant sans espoir, assujetti sans cesse au rappel de sa faiblesse.

Après une série de concerts à l'Olympia, René a fait imprimer pour la tournée qui suivrait au Québec une grande affiche où l'on voit Céline en compagnie d'une grande athlète, Sylvie Bernier, d'un côté, et de Karine, de l'autre. L'une rayonnante, l'autre toute menue. Céline disait :

— Deux âmes sœurs, deux combattantes, qui m'avaient marquée, qui m'avaient beaucoup appris.

Elle est devenue la marraine de l'Association pour la recherche contre la mucoviscidose, au Québec, et continue à la soutenir jusqu'à aujourd'hui.

Le combat

Quelle énergie farouche animait donc déjà cette enfant toute petite ? C'est une question qui peut se poser, lorsqu'on voit Céline, ayant à peine atteint l'âge de raison, capable de se déchaîner toute seule, sur un punching-ball installé par ses frères dans le hangar attenant à la maison. Les enfants de son âge l'ennuient, elle déteste l'école où elle se rend le moins possible. Elle s'y sent comme étrangère, exilée. Pendant les cours, ayant parfois chanté la veille jusque tard dans la nuit, elle somnole. Ou bien s'évade dans ses rêves de gloire : elle chante le soir, dans le petit cabaret de ses parents, « Le Vieux Baril », et tout le monde se tait pour l'écouter. Aujourd'hui, elle part en Afrique comme missionnaire pour soigner les enfants et nourrir les affamés ; elle reçoit des trophées dans les grandes villes du monde.

Une folle rage de se dépenser bouillonne en elle. Peut-être veut-elle évacuer la révolte que lui inspire l'état de Karine. Elle frappe ce ballon comme une sourde pendant des heures jusqu'à en avoir les poings et les poignets enflés. Elle ne peut plus s'arrêter. Au moment du dîner, elle arrive les mains en sang. Sa mère doit lui faire un pansement avec des compresses de gaze, comme on en fait aux boxeurs. Et si, ce soir-là, il n'y a pas de musique chez les Dion, elle y retourne, insensible à la douleur, ayant décidé de s'entraîner comme un champion. Elle délaisse ses poupées Barbie pour un autre jeu qui la passionne : chanter, se costumer, se maquiller, se déguiser, jouer la comédie, faire du spectacle, comme ses parents, ses frères et sœurs. Les deux ensemble, boxe et spectacle, la porteront au sommet d'elle-même. Un rude combat l'attend. Et dans la vie et sur scène.

La première épreuve à cette époque fut de passer en vedette américaine du spectacle de Patrick Sébastien, à l'Olympia, durant cinq semaines. Ce n'était pas son public. Ils étaient venus là pour se payer une bonne tranche de rire. Les émotions de la petite Canadienne ne les touchaient pas beaucoup *a priori*. Mais René avait dit : « Chante pour ceux qui ne t'écoutent pas. Va les chercher un à un s'il le faut. » Dans son enfance, son père disait : « Fais ce qui te fait peur. Commence par ce dont tu as le moins envie. »

Alors elle s'est battue comme un lion. Elle a arraché des minutes d'attention à ceux qui ne voulaient pas d'elle. Elle les a vus se taire soudain, immobiles, fascinés, puis applaudir et crier bravo. Pendant ces cinq semaines, elle a changé, appris, et surtout compris qu'elle avait grandi. Rien n'était acquis. Cet automne-là, en se bagarrant avec un public indifférent, elle a vu que son enfance était très loin. Qu'elle était devenue capable de s'endurcir, comme un athlète qui se fait les muscles. En même temps il lui fallait rester une artiste sensible, ne pas oublier l'émotion pour encore la communiquer. Elle a découvert qu'il fallait se battre non seulement sur scène mais dans la vie. Elle a cherché des modèles de courage chez les grandes sportives. Et, de façon plus bouleversante, dans le combat de sa sœur Liette pour garder en vie sa fille Karine.

Toute jeune déjà, elle a à peine huit ans, elle se prend de passion pour la gymnaste Nadia Comaneci, championne olympique aux Jeux de Montréal de 1976. Il faut dire que le monde entier tombe en arrêt devant ce petit bout de femme habité par la grâce. Céline accroche les photos de son idole sur les murs de sa chambre. Elle est fascinée par la force de son regard et par son agilité de fée. À part les chansons de Janis Joplin ou de Barbra Streisand, dont elle s'enivre, rien ne lui paraît plus grand que ce nouveau talent. Il semble que la petite Roumaine donne sa vie dans le délié de sa danse. Céline admire profondément la rigueur, la précision, la perfection avec lesquelles elle évolue sur le tapis de compétition, devant des millions de téléspectateurs conquis. Elle dira, en toute simplicité, à propos de cet exploit : « La volonté qu'elle montrait de parvenir au sommet par l'entraînement et la discipline me convenait totalement. » Ce n'est pas un vain mot.

Céline rencontre vingt ans plus tard son « modèle », aux jeux Olympiques d'Atlanta. Devenue elle-même célèbre, elle est si émue devant cette femme qu'elle vénère, qu'elle en tremble. Comme ces fans qui perdent leurs moyens devant elle. Nadia Comaneci a la surprise d'apprendre qu'elle a été un maître d'endurance, par son exemple, pour Céline.

Ce ne sera pas la seule. L'été 1985, Céline fait la connaissance d'une championne olympique de plongeon, la Canadienne Sylvie Bernier. Ces êtres-là la passionnent, l'intriguent, l'attirent. Leur courage, leur force, leur patience, quasi inhumains, la captivent. Sylvie a décroché une médaille d'or aux Jeux de Los Angeles, l'été précédent. Elles se voient à cinq ou six reprises et partagent une connivence et une complicité immédiates. Comme si elles se connaissaient depuis toujours. Elles découvrent des ressemblances troublantes dans leurs goûts, leurs habitudes, se sentent sœurs d'âme. Sur la même longueur d'onde. De plus, Sylvie a les yeux bleus de Karine. Ils expriment la même douceur pour les autres mais une dureté terrible pour elle-même. C'est une jeune fille plus mûre que son âge. Capable d'une force de caractère et d'une concentration hors du commun. Céline comprend que Sylvie s'est battue comme elle pendant des années. Sans jamais lâcher. Comme Karine et sa mère, Liette. Mais la championne a obtenu la récompense de monter sur la plus haute marche du podium. Karine, elle, ne sera jamais récompensée. Elle veut savoir comment Sylvie s'y prend pour dépasser les limites de l'endurance. Pour aller toujours plus loin que ce qu'elle croyait pouvoir supporter. À chaque instant, elle-même doit lutter, mais juste pour survivre. C'est ce qui provoque la révolte de Céline.

Les deux jeunes filles parlent de leur entraînement, de leur régime alimentaire, des trucs pour lutter contre le trac, avant un spectacle, pour l'une, ou une épreuve sportive, pour l'autre. Elles font des métiers qui ont beaucoup de points communs. Céline découvre que la vie des grands athlètes est faite de renoncement, de persévérance, de solitude aussi. Sylvie se prépare en répétant son plongeon cent mille fois dans sa tête, après l'avoir exécuté cent mille fois dans les airs, reprenant chaque saut renversé, chaque pirouette, jusqu'à la perfection, plus loin même que la perfection. Céline fait la même chose avec ses chansons.

C'est une fabuleuse découverte. Elle vient de trouver les personnes avec qui elle se sent le plus d'affinités. Elle n'est plus seule dans son monde d'exigence. Tout lui plaît dans ces conquérantes de l'exploit. « J'aime leur mentalité, dit-elle, leur sensibilité, leur entêtement, leur besoin, leur désir de gagner, et quelque chose de difficilement définissable qui pourrait s'appeler la pureté ; pureté du geste, de l'effort, de l'idéal. » Oui, car dépenser toute sa vie, toutes ses forces pour plonger à la perfection, cela s'approche d'une ascèse mystique, où la volonté de se dépasser franchit les limites du corps. Et se résout en lui.

René est enthousiaste. Il explique à qui veut l'entendre que Céline poursuit un entraînement d'athlète. Ce qui est vrai. Refaire la même chanson pour la centième fois avec la même intensité demande une force peu commune de concentration, si on ne veut pas se mettre « en pilote automatique » et, en quelque sorte, tricher devant son public.

René a l'œil à tout. Rien ne lui échappe. Il s'occupe de chaque détail. De la mise en scène et des décors, des arrangements musicaux et des éclairages, de l'ordre des chansons et des textes d'enchaînements. Des vêtements que porte Céline et de sa coiffure. En tournée, il met la main aux éclairages, se soucie de l'affichage, de la campagne de promotion. Il partage sa vie entre la carrière de son poulain et le jeu. Il prétend avoir mis au point un système qui lui permet de gagner sans faute au black-jack. Il a toujours avec lui un carré de feutre vert, des jetons et des jeux de cartes. Il en parle constamment autour de lui. Il a une théorie des séquences. Quand la chance est là, tout va bien. Si elle disparaît, il faut attendre son retour. Elle finira bien par revenir.

À ce régime, sa femme Anne-Renée se lasse. René est sans cesse absent, sur les tables de jeu, ou en tournée. Elle finit par annoncer qu'elle a l'intention de le quitter. L'orage gronde pendant cette tournée au Québec. René regagne Montréal, distant de mille kilomètres, une nuit, seul. La tournée est interrompue. Il disparaît pendant des semaines. L'énergie de Céline retombe comme un soufflé. Au cœur de l'hiver, elle se sent abandonnée et perd toute envie de travailler. C'est alors qu'elle découvre un certain nombre de choses qu'elle ignorait. Dont elle ne s'était jamais souciée.

Depuis quatre ans que René se dépense en grand pour sa carrière, il ne lui a jamais parlé de ses problèmes financiers ou sentimentaux. Elle vient juste d'avoir dix-sept ans et elle s'aperçoit qu'elle a été gâtée, surprotégée, sans qu'on la laisse se charger du moindre sujet d'angoisse, autres que ceux concernant ses chansons et ses spectacles. René a tout pris sur lui. Il a emprunté de grosses sommes. Il a déjà fait faillite pour assurer la charge énorme des galas et des tournées.

« Pendant ce temps, je vivais comme une princesse », avoue Céline. Elle possède maison, voiture, fourrures, bijoux, et plus. Sans se douter de rien. René a déposé son bilan, hypothéqué sa maison, mais aussi flambé au jeu, à Las Vegas ou Atlantic City. Il s'est comporté en millionnaire, persuadé de l'être un jour !

Sa femme, Anne-Renée, a lâché depuis longtemps. Au début, elle était proche de Céline, puis elle s'est éloignée peu à peu. Elle n'assiste plus jamais aux spectacles, même à Montréal. Son instinct de femme, ou même ses yeux, lui a appris que la jeune fille a un tendre et fort sentiment pour son époux. Céline est amoureuse et se montre de très méchante humeur lorsqu'elle les voit ensemble. Son spectacle s'en ressent.

Elle est maintenant au centre de la vie de cet homme qui a tout joué sur elle. Elle est son numéro gagnant. Son histoire d'amour devient un véritable scénario de film. Comme toute sa vie, d'ailleurs. Tous les ingrédients sont là pour nouer une intrigue des mieux bâties. Un flambeur séduisant, une amoureuse contrariée, une mère puissante, une femme abandonnée, une carrière en pleine ascension. Céline a tout raconté. On ne peut que respecter son propos. Elle a tout dévoilé sans rien laisser dans l'ombre de ce qu'elle a vécu comme un drame.

Lorsque la tournée au Québec a repris, le long silence de René avait donné un poids supplémentaire à l'amour de Céline. Elle a cru que son retour auprès d'elle allait instaurer de nouveaux rapports entre eux. Mais maman veille et rien ne change, apparemment. René passe toujours ses jours et ses nuits avec des producteurs, des auteurs, des compositeurs, des musiciens. Au téléphone ou en studio. Il vient chaque soir dans la chambre de la mère et de la fille, après le spectacle. Débriefe en détail, jamais satisfait, certain qu'« on » peut faire encore mieux. Telle note, plus haut, plus longtemps. Tel geste, moins souvent. Telle tonalité, trop basse. René taille encore et toujours le modèle, à coups d'encouragements et de remarques fermes. La jeune fille écoute, embraye, accepte, se sent pousser des ailes. Ne demande qu'à se perfectionner, pour à la fois conquérir son mentor et devenir la plus grande chanteuse au monde. Puisque ce rêve a été semé en elle dès l'enfance. Puis, comme à une petite fille, il lui donne deux baisers brefs sur les joues et s'en va. Céline pleure. Sa mère s'impatiente.

C'est un secret de polichinelle, tout le monde sait que Céline est amoureuse de son producteur. Aucun avis la concernant ne prévaut sur celui qu'il a donné. Il a toujours raison. Son mot le plus fréquent devient « René a dit... » À cela, on ne peut lui opposer aucun argument. S'il n'est pas là, elle l'attend. S'il s'absente, elle le cherche. Thérèse guette l'heure d'intervenir. Elle avait espéré que cette tocade passerait. Sa fille doit épouser un garçon de son âge et non pas un homme de près de trente ans son aîné, divorcé deux fois, avec trois enfants à charge.

René garde de bons contacts avec sa première femme, Denise, dont il a eu un fils, Patrick, du même âge que Céline. En revanche, avec sa seconde épouse, Anne-Renée, dont il a deux enfants, Anne-Marie, onze ans et Jean-Pierre, huit ans, les choses sont beaucoup plus compliquées. Tout simplement parce que les deux plus jeunes ont encore besoin de leur père. Céline n'en prendra conscience que bien plus tard, lorsqu'elle sera elle-même devenue mère. Mais, pour l'heure, elle s'endort toujours avec la photo de son amoureux cachée dans son lit. Elle la remplace lorsque sa mère la subtilise comme par enchantement. Son bonheur sur scène disparaît dans le gouffre de sa solitude amoureuse. Elle ne peut parler à personne de son tourment puisque sa mère le lui interdit. Cet amour n'existe pas. Il ne peut pas exister. Or, par entêtement légitime, cet amour au contraire se développe.

Céline va sur ses dix-huit ans. Elle se sent femme. La violence de son désir ne cédera pas. Elle le sait, l'a décidé. Envers et contre tout. Elle veut que cet homme la prenne dans ses bras, la caresse, fasse l'amour avec elle. Elle le dévore en songe. Sa peau, ses mains, son parfum, ses yeux de velours, sa voix qui l'envoûte, son calme oriental, sa force, son autorité envers tout un chacun. Elle aime sa passion du jeu, son rire un peu cassé, la rigueur avec laquelle il analyse toutes les situations, toutes les possibilités d'amélioration. Se rend-il compte qu'en devenant le sculpteur de son jeune modèle, il est en train d'en faire sa créature ? Qu'elle s'abandonne à ses mains, à sa voix. Parce qu'elles la poussent vers ce qu'elle désire le plus au monde. Désir mêlé pour le sculpteur et pour son œuvre : elle-même en superstar.

Les tabloïds prétendent qu'Anne-Renée « fréquente » quelqu'un. Elle demande le divorce. René le lui accorde ainsi que la garde des enfants. Mais, pour lui, c'est un échec irréparable, qui le laisse profondément blessé. Il aime ses enfants et sait qu'ils vont en souffrir. Céline, aveuglée par ses sentiments, croit qu'il est triste parce que sa femme ne l'aime plus. Sa hantise est qu'elle ait encore ce pouvoir sur lui. Elle aurait tant voulu que cela le fasse souffrir de ne pouvoir l'aimer librement ! Avec quel délire de tendresse ne l'aurait-elle pas consolé ! Elle invente toutes sortes d'hypothèses comme les femmes amoureuses savent le faire. Peut-être qu'il l'aime mais qu'elle l'ignore et que cela le rend très malheureux. Si elle pouvait en aimer un autre, pour le rendre jaloux et lui donner l'idée de l'arracher à ce rival plus heureux. Elle lui résisterait cyniquement jusqu'au jour où, vaincue, elle céderait dans une scène d'amour torride comme elle en a le secret ! Aucune île lointaine ne serait alors trop belle pour eux.

La presse s'empare du sujet, publie des sondages pour demander aux lecteurs ce qu'ils pensent de cette situation. Êtes-vous choqués par la différence d'âge ? Pensez-vous que René Angélil a abusé de son autorité ? Croyez-vous que cet amour soit possible ? À votre avis, s'agit-il d'amour ou d'autre chose ? Tout cela n'est-il pas, tout compte fait, une bonne source de publicité ?

Avant même que les protagonistes se soient déclarés l'un à l'autre, la presse à scandale effectue son travail de vulgarisation. Toutes ces rumeurs gênent terriblement l'homme perturbé et la femme malheureuse en amour. Ils se sentent cernés, observés, traqués, dans le plus intime d'eux-mêmes. René est pris au piège. On dit partout qu'il y a quelque chose entre eux. Comment le nier, comment l'avouer ? Il n'en a pas le droit. Thérèse le lui a carrément interdit. Il est sur le gril. Et son amoureuse ne se fait pas faute de le chauffer à blanc. Elle est convaincue que cet homme l'aime mais ne veut pas le lui dire. Ses défenses, elle le sent, sont sur le point de se rompre. Ils font tout avec amour, sauf l'amour. Avec le rôle qui est le sien – observateur implacable –, il ne la quitte pas des yeux, déshabille son âme, engloutit tout ce qui émane d'elle avec gourmandise, en fait l'or de ses jours. S'isole avec elle dans un travail intime qui les comble tous deux, mais les laisse affamés. Dans le studio d'enregistrement, quand ils écoutent sa voix ensemble, leurs âmes se mêlent dangereusement.

Ils ont leurs habitudes voluptueuses. Au restaurant, presque chaque soir, à Paris ou à Montréal, comme les deux segments d'un même corps, ils s'assoient l'un près de l'autre. C'est un rite immuable. Céline entre dans l'amour avec lui. Si près, tout près, de l'homme qui la rend folle. Ils parlent, rient avec ivresse, tous les deux. Céline s'appuie contre lui, pose sa tête sur son épaule « par jeu ». Mais ce n'est pas du tout un jeu. Elle est sûre maintenant qu'il l'aime, tant leur entente physique est totale avant même d'avoir consommé l'amour. La fureur de Thérèse est à son comble.

À ses yeux, la coupe est pleine. Elle écrit une lettre terrible à René où elle l'accuse purement et simplement de trahison. Elle n'acceptera jamais pour sa fille adorée un homme deux fois divorcé, de presque trente ans son aîné. Elle veut que son enfant chérie épouse un jeune homme de son âge, et non pas celui qui n'est que son manager. Et rien d'autre. Elle en fait une affaire personnelle. Elle lui intime l'ordre de cesser toutes relations de ce type avec Céline. C'est un scandale qui pourrait briser sa carrière. Elle a mis sa confiance en lui et se voit aujourd'hui trompée, flouée. Elle attend de lui qu'il s'éloigne et avertisse Céline qu'il ne l'aime pas.

Le soir suivant, à Paris, dans un restaurant où ils ont leurs habitudes, Céline, innocente du drame qui se joue, attend impatiemment que René vienne s'asseoir à côté d'elle comme les autres jours. Mais quand il arrive avec toute la troupe, il prend place en bout de table, le plus loin possible d'elle. Céline dira : « J'étais atterrée, détruite. Mes jambes se sont mises à trembler. Tout s'effondrait autour de moi. » Le repas est sinistre. Elle ne peut rien avaler. Elle cherche des yeux son regard. Il l'évite. Sa mère est entre eux, ainsi que d'autres personnes de son entourage. À la fin du dîner, tout le monde s'en va. Ils restent seuls tous les deux. René a l'air accablé. Il lui propose tristement de rentrer à pied ensemble. Céline s'attend au pire. Elle y va comme à l'échafaud. Elle tremble de tout son corps. Dès les premiers pas, il lui révèle qu'ils ne peuvent plus continuer à vivre de cette façon. Il leur faut briser cette familiarité trop visible qui les lie. René semble répéter une leçon bien apprise. Les mots sonnent faux. Céline a raconté par la suite : « Je voulais qu'il me laisse seule. Je serais restée là jusqu'à la fin du monde et j'aurais marché jusqu'à m'écrouler. »

Elle devine, bien sûr, sans être au courant de la lettre, qu'il agit sur ordre de sa mère. C'est elle qui lui a demandé de parler ainsi. Angélil ne peut pas mettre Thérèse en cause, elle lui a demandé de ne pas la citer. Tout cela doit venir exclusivement de lui pour garder sa force de conviction. Céline, jouant le tout pour le tout, déclare :

— Je sais que tu m'aimes, René Angélil. Ose dire que tu ne m'aimes pas. Dis-moi : « Céline, je ne t'aime pas » si tu en es capable.

C'est le début du triomphe. René reste silencieux. Les mots ne peuvent pas sortir de sa bouche. Et même s'il l'avait dit, elle ne l'aurait pas cru. Elle est trop sûre de ce bonheur à portée de main qui navigue autour d'elle depuis tant de temps. C'est une demi-victoire. Elle argumente avec une certaine finesse. Comment peut-il espérer faire le bonheur de ses enfants en se rendant lui-même malheureux ? Pourquoi se refuse-t-il, ainsi qu'à elle par la même occasion, le droit de s'aimer pour de bon ? Sa femme l'a quitté. Il est libre.

Pas tant que cela, pourtant. Un lien de chair le relie à ses enfants partis avec son ex-femme. Ne doit-il pas tenter de réparer son mariage pour ne pas les perdre ? Son âge ne représente-t-il pas un obstacle majeur ? Céline voudra des enfants, elle l'a dit et redit. Il sera trop vieux pour lui en donner. Céline, sonnée, mais subtilement satisfaite, ne veut plus rien entendre. Elle rejoint l'hôtel où sa mère l'attend.

Là, une grande tempête pourrait ravager la chambre. Céline affronte celle pour qui elle chantera un jour :

Je veille sur celle qui m'a tout appris
C'est le jeu de la vie

Thérèse devine ce qui s'est passé. Elle a fait couler un bain. Céline dans son bain pleure à gros bouillons. Ses nerfs se relâchent. Sa mère l'aide à mettre son pyjama en lui tapotant le dos comme à un enfant que l'on console d'un gros chagrin. À cause des larmes et de l'énorme vague qui la submergent, Céline ne peut parler : elle doit tuer sa mère pour conquérir son homme. La nouveauté de la situation lui coupe la parole. Celle qui est tout pour elle doit faire place à un autre. Thérèse n'est plus l'amour de sa vie. Il faut se rendre à l'évidence. Céline devine tout cela, c'est pourquoi aucun mot ne sort de sa bouche. Le meurtre de la mère s'est accompli en elle à son corps défendant. Elle n'en fera pas état. C'est inutile. René n'a pas pu lui dire « Je ne t'aime pas ». Cela seul compte à ses yeux.

Thérèse se trompe lorsqu'elle accuse René d'être « responsable » de cet amour qui dévaste sa fille. Tout s'est mis en place pour que cela arrive. Elle a lâché, en bordant « sa » petite : « Il aurait pu s'arranger pour que ça n'arrive pas. » Comme si on maîtrisait l'amour. Céline sait déjà qu'il est plus fort que tout. Elle chantera plus tard, dans son album *Sans attendre* :

L'amour est un criminel en cavale
Il torture, il foudroie,
Nous met les bras en croix

Et ce sera une de ses plus belles chansons. Celle où elle montrera quelque chose d'elle-même que l'on n'avait pas encore vu.

Soudain, celle qui a tout fait pour le bonheur de sa fille devient un obstacle à ce bonheur. Que de choses se mêlent dans cette volonté farouche d'exiger que Céline « guérisse » ! C'est son mot. Mais la bataille est perdue. Thérèse aura beau se mettre en colère, lui interdire d'en parler devant elle, Céline se dresse dans toute sa force neuve et finit par lui asséner :

— Je suis majeure. Nous sommes dans un pays libre. Personne ne m'empêchera d'aimer qui je veux !

C'est dit. Thérèse connaît assez sa fille pour savoir qu'elle ne renoncera jamais. Il va falloir céder la première place.

Le problème maintenant est que René a pris les ordres de Thérèse au pied de la lettre. Vacillant quant à son mariage précédent, il garde ses distances avec son amoureuse, ce qui la fait beaucoup souffrir. Sa carrière monte en flèche. Elle reçoit toutes sortes de trophées, dont cinq à la soirée de gala de l'Adisq, mais une tristesse inhérente à sa vie ne la lâche pas. Non seulement le public, mais les critiques québécois, sont conquis, délirants. Rien n'y fait, ses larmes ne sont jamais de joie, mais de désespoir. Pourquoi cet homme qu'elle aime et qui l'aime, elle en est sûre, ne se décide-t-il pas ? Puisqu'il a accepté le divorce que sa femme lui propose, pourquoi tente-t-il à nouveau de sauver son ménage ? Un doute terrible la possède soudain. Et s'il ne l'aimait pas ? Si elle s'était complètement trompée ? Horreur et damnation, René reprend sa vie de couple avec Anne-Renée au début de l'été 1986. C'est l'enfer. Finis les dîners au restaurant, les séances complices d'enregistrement, René disparaît peu à peu de sa vie. Céline se torture les méninges pour échafauder toutes sortes d'hypothèses plus improbables les unes que les autres. Sa peine indispose René, donc il s'éloigne. Tout cela l'ennuie, il veut s'en débarrasser. Ou bien il pense que cet amour pourrait gêner leur travail. Elle confie son malheur à Eddy Marnay qui lui écrit derechef une chanson message :

Ne m'oblige pas à tout te dire
Puisque tu le sais déjà
Tout ce que je fais aujourd'hui c'est pour toi...

Bon. S'il ne comprend pas, c'est vraiment qu'il le fait exprès. Elle continue à se torturer pour comprendre ce que René prépare. L'idée qu'il fasse peut-être encore l'amour à sa femme la rend folle. Elle souffre et pleure beaucoup. Au moment des trophées, elle « triomphe dans le rôle de la pleureuse intarissable ».

En fait, tout est plus simple et plus compliqué. René a compris qu'il est arrivé au bout de ce qu'il pouvait faire professionnellement avec Céline. Le Québec c'est bien, mais le monde entier c'est mieux. Il veut le monde entier. Il veut une star à l'américaine. Il va falloir à la jeune fille de longs mois de travail pour se transformer. Ça tombe bien, Thérèse veut de longs mois de séparation pour mettre cet amour de côté. On verra s'il a survécu ensuite. Le couperet tombe : « On arrête tout. » Céline suffoque. Comment ça ? Combien de temps ? Pourquoi ? Pour quoi faire ?

René va passer l'année suivante en grande partie à Las Vegas pour préparer l'avenir... et se rapprocher de son autre passion, le jeu. Pendant ce temps, Céline va faire refaire ses dents, changer de look, apprendre l'anglais, prendre des cours de danse et entraîner son corps pour l'embellir, devenir plus forte. Elle va mettre le pied dans le monde de l'*entertainment*, agrandir son show aux dimensions internationales. Le challenge lui plaît, l'attire, lui donne une envie folle d'y arriver, mais René…

Elle se fait maintenant des films d'horreur. Les bombes explosives, blondes, brunes ou rousses, des casinos ne vont-elles pas lui voler son homme ? Comment pourra-t-elle rivaliser avec leur décolleté vertigineux, elle qui a le buste si plat ? Qu'à cela ne tienne ! Elle adoptera la figure du top model, sexy, mince, ondulante, longue, fine. Elle embarque immédiatement sur le nouveau projet qui se profile. Ah ! René n'a pas voulu scandaliser les foules en vivant l'amour avec l'adolescente aux vilaines dents ? Eh bien, elle va devenir irrésistible, se battre pour le conquérir en star du show-biz. Elle va gravir seule les marches d'une transformation radicale pour séduire cet homme de vingt-six ans son aîné. Il veut bien être l'homme de sa vie, mais il semblerait qu'il la préfère en femme magnifique plutôt qu'en jeune fille mal dégrossie. Qui pourrait lui donner tort ?

Il suffit à Céline de regarder ses idoles pour mesurer le chemin qu'il lui reste à parcourir. Barbra Streisand, Cher, Madonna. Elle va vivre loin de l'homme qu'elle aime pendant de longs mois, certes, mais elle va relever le défi le plus excitant : forger toutes les armes indispensables à la conquête du monde et de son amour. Ce qu'elle veut en priorité, c'est lui. Le succès peut venir en prime, mais son but est de le capturer totalement. Elle reprend avec passion le cours de ses scènes d'amour imaginaires durant lesquelles René se dépense en grand !

Elle fait tout avec un excès, typique de sa nature perfectionniste. Elle commence par s'inscrire dans une école de langues et suit neuf heures de cours par jour, cinq jours par semaine, pendant deux mois. Elle dort en anglais, rêve en anglais, chante en anglais, s'embrouille, découvre le sens de chansons qu'elle chantait sans rien y comprendre depuis tant d'années. Un monde s'ouvre. Elle s'y prépare en restant dans l'ombre pendant de longs mois. À qui pourrait-elle d'ailleurs se montrer avec le gros travail d'orthodontie qu'on accomplit sur ses dents ? Elle a des vis, des broches qui la font souffrir. Elle peut à peine parler. Sa disparition des scènes de spectacle et des écrans suscite toutes sortes de bruits farfelus. Elle était missionnaire en Afrique ; avait perdu la voix ; avait accouché de jumeaux : l'un était caché en Suisse, l'autre à Los Angeles. Pendant ce temps, la transformation s'accomplit. René revient de temps en temps pour voir ses enfants et parler de ses grands projets. Il veut conquérir Broadway, Las Vegas. Pour cela, Céline doit enregistrer un album en anglais. Il oublie le marché français et ne s'intéresse plus qu'au public américain. Avant celui du monde entier.

Un jour, enfin, il emmène Céline signer chez CBS, leur nouvelle maison de disques. Elle n'a plus, après tant de souffrances, les canines qui l'avaient fait surnommer Dracula par des journalistes moqueurs. Elle est plus fine, musclée, bronzée. Depuis plusieurs mois, les cours de danse ont produit leur effet. Elle a changé de coiffure, porte des shorts en jean et des gilets sans manches. René se trouble. Une jeune femme de vingt ans, toutes voiles dehors, défie son séducteur. Le même frisson les parcourt. Il est l'objet de cet amour qu'elle chante dans ses chansons. Il le sait mais veut rester prudent. De cette prudence qui la rend folle.

Maintenant, quand il lui parle, il arrive qu'il perde le fil de sa pensée. Céline sourit. Elle entrevoit le jour où René lui tombera dans les bras. Ce jour approche. Ils ne sont pas amants, mais leur danse amoureuse a repris en cachette. Tout le monde se demande s'ils ont couché ou pas. Rien n'est sûr, ils se retrouvent si souvent. Mais il ne faut pas affoler maman. Céline préfère lui mentir sur ses rendez-vous secrets avec René Angélil. Elle prétend par exemple faire des courses avec une amie complice, mais elle les fait en réalité avec son manager et amoureux. Ou bien, ils se rendent à des rendez-vous professionnels, seuls tous les deux, sans en avoir averti personne. Thérèse n'est plus là systématiquement. Sa fille poursuit sa conquête en quasi-liberté. Elle dira :

— Je ne sais d'où me venait ce besoin de vivre un amour total et absolu.

Peut-être de la vision du couple de ses parents. Car, de fait, ce n'est plus vraiment au goût du jour, malheureusement, de voir une adolescente de seize ans choisir un homme comme seul amour de toute sa vie.

À cause du jeune âge de sa protégée, René a su tout de suite qu'il devait tisser des liens étroits avec Thérèse. Il lui fallait son accord pour toutes sortes de raisons tant qu'elle n'était pas majeure. Il la consultait respectueusement sur de nombreux points de santé, de planning, de caractère, de goût, concernant sa fille. Ils avaient agi jusque-là dans une concertation amicale et de bon aloi. Or, voici que Mme Dion se retrouvait écartelée entre deux extrêmes. Être l'alliée de René pour la carrière de Céline et, en même temps, une opposante farouche à son histoire d'amour.

La combattante devait se tourner vers un nouvel adversaire. Un jour, dans ce lieu idéal des grandes causes à gagner qu'est la cuisine dans beaucoup de foyers, maman prépare le repas. Le sujet est sur la table. Chacun donne son avis, avec plus ou moins de passion. Jusqu'à ce que Céline explose désespérément : « Mais vous ne comprenez donc pas que je l'aime. Je l'aime ! » Et, à bout d'arguments, elle éclate en sanglots. Thérèse s'essuie les mains sur son tablier et prend sa fille dans ses bras. « Je comprends, dit-elle, je comprends. » Oui, cette fois-ci, il semble qu'elle a compris. Elle n'est pas prête à favoriser l'entreprise, mais elle se rend. Cet amour n'est pas une tocade, elle ne l'extirpera pas du cœur de sa fille. C'est un grand moment de soulagement. Pour tout le monde. Céline respire à nouveau. Elle va pouvoir à nouveau chanter de toute son âme. De toute sa vie.

Un jeune réalisateur de clips, François Girard, est requis pour le prochain enregistrement de Céline. Il a vingt ans comme elle. René pense qu'il va insuffler un sang neuf à leur travail. Adieu les robes de grands couturiers trop sages, François entraîne la chanteuse dans des boutiques où elle n'a jamais mis les pieds auparavant. Elle va se créer un look plus rock. Oubliées les ballades trop douces convenant à une Mireille Mathieu ou à une Nana Mouskouri. À vingt ans, on peut « déchirer » si on lâche ses chiens. Céline ne demande que cela. Il lui faut un nouveau parolier. Sans se séparer d'Eddy Marnay qui a si bien collé à la première Céline, René convoque un auteur qui a le vent en poupe. Celui qui a écrit les lyriques de *Starmania*, Luc Plamondon. Il a travaillé avec Robert Charlebois, Julien Clerc, Barbara, des pointures. Et surtout sur cette comédie musicale, avec Michel Berger aux manettes.

Ils se rencontrent dans son appartement parisien donnant sur la tour Eiffel et le Champ-de-Mars. Et Céline se déchaîne. Dans le grand salon, elle se livre à une série d'imitations comme elle en a le secret. Streisand, Joplin, Piaf, tout y passe. Elle fait le clown avec talent, reprend tous les airs de *Starmania* en calquant sa voix sur celles des interprètes. Luc Plamondon est scotché sur place. René, à l'écart, regarde sa protégée avec une profonde satisfaction. Un sourire sur les lèvres, il ne la quitte pas des yeux. Elle est sûre qu'il est une fois de plus conquis. Elle sent son adhésion, sa fierté. Son amour. Ils vont entrer dans ce qu'elle appellera joliment « leur amour silencieux ». Idéal, platonique, clandestin. À la fois frémissant et voluptueux. Même entourés, ils sont seuls au monde. L'épreuve de la longue séparation a ciselé leur désir. Ils sont sans cesse ensemble, comme un tandem gagnant.

René a convaincu CBS de produire un album en anglais dès que celui en français aurait atteint cent mille exemplaires. Ce sera une bombe, a-t-il dit. Luc Plamondon est missionné pour les textes. Lorsqu'ils se retrouvent dans sa maison de Montréal, le parolier a déjà griffonné deux textes « Lolita » et « Incognito ». L'inspiration n'attend pas et, lorsque les mots sont venus, il n'a pas pris le temps de les taper, il les a jetés sur le premier papier à portée de main. René reçoit d'abord le choc en plein cœur. Il lit et relit le texte effronté que Luc a écrit. Puis il le tend sans un mot à Céline. Elle tressaille de joie en découvrant les phrases qu'elle n'aurait jamais osé prononcer si elles n'étaient pas là, tracées sous ses yeux. Quel magicien se cache dans le parolier pour qu'il ait pu la cerner si étroitement ! Elle voit son cœur mis à nu et se trouve totalement bouleversée. Luc se met au piano et entame la mélodie composée par Jean-Alain Roussel. En quelques notes, Céline l'intègre et commence à chanter sans aucune gêne les mots qui feraient bondir sa mère :

Toutes ces nuits que j'ai passées,
Seule à te caresser
Il faut que tu me les rendes une à une,
Toutes ces nuits, seule dans le noir de ma chambre,
À rêver que tu venais me prendre !

René trouve cela parfait. Il déclare à Plamondon que c'est exactement ce qu'il cherche. Céline est électrisée. S'il trouve que cette chanson lui va si bien, ne voit-il pas à quel point elle parle de sa vie ? Et la déclaration se fait encore plus claire dans la chanson suivante :

Quand le désir dévore son corps
Jusqu'au bout de ses doigts...

Ah ! ces Québécois ! Quels sauvages ! Faire parler ainsi une jeune vierge de dix-neuf ans s'adressant à un vieux monsieur de quarante-six ans ! Thérèse aurait poussé les hauts cris. Mais la jeune fille n'est pas du tout farouche, au contraire, elle pousse l'avantage jusqu'à regarder son amoureux dans les yeux en chantant. Suit un long silence ému. Le ton « fleur bleue » est dépassé. Ce sera un succès au Québec, mais les programmateurs en France refuseront ces deux titres de l'album *Incognito*. Ils seront remplacés par deux autres que Céline enregistrera pour la version distribuée en France. Les tabloïds montent au créneau sans tarder. Ça y est, Céline et René sont fiancés, annoncent-ils. On les a vus s'embrasser dans l'avion. Un autre précise « mariés à Las Vegas », où l'on s'épouse en une demi-heure. Un troisième s'aventure à leur donner des jumeaux – ils finiront, avec cet entêtement qui les caractérise, par avoir raison ! Ou encore, René est stérile. Il n'y aura pas d'enfants. C'est la valse des potins qui fait vendre du papier.

Au Québec, Céline vend des centaines de milliers d'albums, mais il n'en va pas de même au Canada, de langue anglaise, ni en France, où l'effet de surprise des premières années est passé. Il faut donc trouver un tremplin qui la propulse vers le public anglophone. C'est la chance qui se présente au gala de CBS Canada, lorsque Vonda Shepard qui doit accompagner Dan Hill fait faux bond. René, au courant de tout avant tout le monde, propose au chanteur, ainsi qu'à son agent, de la remplacer par Céline. C'est accepté. René, plus excité que jamais à l'idée de cette opportunité, prévient Céline : « Si tu ne fais pas lever la salle, on retourne à la case départ. » C'est-à-dire au Québec, où tout a déjà été ratissé.

L'ambition de Céline est aussi ancrée en elle qu'en son manager bien-aimé. Elle la trouve vitale et nécessaire et ne s'en défend pas. D'aucuns la citent avec un sourire ironique, mais malgré l'amour de son pays, elle rêve de grands espaces, de liberté.

Au gala de CBS, à l'Estérel, elle chante avec Dan Hill, devant un parterre de décideurs et de professionnels. Comme elle le dira souvent, elle donne tout, comme si sa vie en dépendait. Leurs deux voix se marient à la perfection. La salle entière se lève pour acclamer la chanson « Can't We Try » que Vonda Shepard n'a pas pu chanter ce jour-là. CBS est conquis. L'album de Céline sortira en anglais. C'est une grande victoire aux yeux de René. Lorsqu'elle sort de scène, il la prend dans ses bras, très ému. À nouveau, ils oublient tout et sont seuls au monde dans ce moment précieux. L'avenir glorieux d'une carrière jusque-là incertaine vient de se dessiner.

Céline est conviée en vedette à la plus grande émission de variétés de Radio-Canada. Elle la prépare avec le réalisateur. Lorsqu'on lui demande ce qu'elle a envie d'y faire comme numéro, elle répond « tout ! ». Une vamp, une ingénue, une sainte-nitouche, une madame, un garçon manqué, une rockeuse. Tout le monde est un peu affolé. Mais, dans son esprit, être toutes les femmes de la terre, c'est ne pas manquer de séduire René Angélil. Car cela reste son but obsessionnel. Elle essaye de nombreuses tenues, toutes plus affriolantes les unes que les autres, devant René, dans les sous-sols de Radio-Canada. Elle en profite. Il verra tout, en petit comité, même s'il refuse les plus dénudées pour une émission à caractère familial. « Tu n'as pas besoin de choquer avec la voix que tu as », dit-il, le souffle un peu court. Il tient à garder pour lui les trésors secrets de la cavale sauvage qu'il n'a pas encore chevauchée.

Le principal, pour Céline, est que lui l'ait vue, en tenue de cuir, les seins à moitié nus, ou à peine vêtue de plumes, comme elle a eu la pensée un peu folle de se présenter au public.

Son album cartonne si fort au Québec qu'on lui propose d'être la *French Canadian* des Juno Awards, à Toronto. C'est le plus grand événement médiatique de l'industrie du disque, au Canada. Cependant, les Canadiens zappent la chanson française du gala, et les Québécois ne le regardent pas. Quel intérêt de chanter là dans ces conditions ? René a toujours un joker prêt. Céline ne participera qu'à la condition de chanter en anglais. Ou pas du tout. Ensuite, il faut choisir la bonne chanson. Pas un classique, c'est trop usé, même si c'est moins incertain. Plutôt une chanson originale. Vito Luprano, directeur de CBS, propose « Have a Heart » », une mélodie signée Aldo Nova, spectaculaire, exigeante, qui exploite tous les registres de la voix de Céline.

Cette fois-ci, il ne s'agit plus de convaincre les professionnels comme à l'Estérel, six mois plus tôt. Il faut leur prouver qu'ils ont eu raison, en emportant l'adhésion du grand public canadien. Céline se donne ce jour-là, une fois de plus, avec un tel excès qu'elle sort de scène dans un état second. Elle continue à chanter dans les coulisses, dans sa loge, dans la limousine qui la ramène avec René à son hôtel. Quelque chose en elle ne peut pas s'éteindre. Le lendemain matin, à l'aube, René se précipite pour acheter les journaux. Il dévore les articles, les apprend par cœur. Céline en se réveillant apprend qu'elle a fait un triomphe. « Tu as volé le show ! » exulte René. Il impose des conditions de folie à CBS, décuple le budget du prochain album en anglais, exige le *wonder boy* du moment, David Foster, meilleur réalisateur de clips aux États-Unis. Il a travaillé avec Barbra Streisand, Frank Sinatra, Neil Diamond, Paul McCartney. Il écrit, compose, arrange, produit, réalise. Il sait tout faire avec un immense talent. Pour se l'accaparer, c'est une autre histoire. CBS dit : « Débrouillez-vous. »

Les shows et la prochaine grande tournée vont être illuminés de la présence d'un directeur musical plein d'humour et de talent surnommé par tous Mégo, et de sa compagne, Suzanne Gingue. Le premier a une entente parfaite avec Céline qui adore faire régulièrement le clown. La seconde a été pendant des années son habilleuse, sa confidente précieuse, présente partout à la fois. « On se disait qu'elle ne dormait jamais, qu'elle ne mangeait jamais. » Un pur esprit sans cesse en action.

Céline ponctue ses chansons d'imitations fantasques de Michael Jackson ou de Mireille Mathieu mais, la plupart du temps, elle fait rire la foule à ses dépens sans en être le moins du monde troublée. Une année, elle est allée avec René rendre visite au pape dans sa résidence d'été, à Castel Gandolfo. Devant la meute de journalistes qui les accompagnent, elle a l'idée baroque qu'on traie les vaches du pape, afin qu'elle puisse boire quelques gorgées de lait cru. Bon pour sa gorge, mais juste un peu décalé pour une star ! Comme les journaux people se tordent de rire devant l'anecdote, elle en rajoute en la racontant sur scène. Elle rappelle dans son show « Incognito », sa « dégustation de lait papal », ce qui déclenche de gros rires dans la salle. Chacun son style ! Elle prétend aussi qu'elle fait partie des PA, les Pleureuses Anonymes, qui, comme les Alcooliques du même nom, se réunissent fidèlement pour « apprendre à se retenir ».

Les sketches sont écrits à la lettre, tout comme les enchaînements. « La semaine prochaine, ça va faire un an que j'ai pas pleuré, dit-elle la voix brisée d'émotion. Je vais beaucoup mieux, je me contrôle, je crois être sur la voie de la guérison. La preuve, je vais vous chanter “Mon ami m’a quittée” sans pleurer. »

Elle apprend au cours de cette tournée à maîtriser la scène, l’émotion du public, la sienne, à réagir en fonction de la foule. Elle met en place de petits rituels avant d’entrer dans la lumière. On la voit se livrer à une gambade incantatoire avec Mégo et Suzanne, courir autour de la scène en touchant de son pouce droit celui des musiciens. Enfin René la regarde d’un air intense, dans les yeux, lui pose un baiser sur chaque joue, puis la pousse doucement vers la lumière en disant : « OK. Vas-y. Tu y es. *Go* ! » Les rituels évoluent mais ils sont immuables. Dans le tourbillon incessant de la tournée, ce sont de petits repères qui la rassurent au moment du trac, tapis entre les loges et la scène.

Elle a gardé longtemps au fond de son sac une petite pièce d’argent qu’elle avait aperçue sur scène un soir. Comme elle était du côté pile, René, le joueur, s’est écrié :

— Pile ! Tu touches pas à ça, c’est du malheur !

Alors Céline l’a lancée un peu plus loin pour qu’elle tombe sur face. Lorsqu’elle a vu l’effigie de la reine d’Angleterre, elle l’a ramassée et l’a gardée. Mais elle sait que lorsque le malheur frappe, il faut agir, il faut se battre. La petite pièce ne servira de rien.

Un soir, en rentrant chez elle, elle trouve sa mère très pâle et surtout, signe effrayant, assise sans bouger, elle qui, dès le retour de sa princesse, s'agite toujours à droite à gauche. Elle a le souffle court. Elle affirme que c'est un peu de fatigue mais que ça va passer. Thérèse ne reçoit jamais d'ordres de personne, on ne peut pas la raisonner, elle est hyperactive, autoritaire et prend toutes les décisions à sa charge, ce qui n'a pas toujours fait le bonheur de son mari. Mais Céline sait, rien qu'à entendre sa voix faible et blanche, qu'il se passe quelque chose de grave. Elle a si souvent fait le rêve angoissé de la mort de sa mère, effondrée, sans réaction auprès de son lit d'agonie ! Mais là, pas de paralysie, Céline réagit avec un sang-froid et une lucidité sans faille. Elle appelle le cardiologue de l'Institut de Montréal et prend rendez-vous en urgence pour le lendemain. Rien n'est simple, cependant, car à part le médecin qui l'a accouchée de ses dix derniers enfants, devenu quasiment un membre de la famille, Thérèse n'a l'habitude de se conformer aux ordres d'aucun professeur, aussi fameux soit-il. « Ma mère n'obtempère devant personne », rappelle Céline. Entêtée, Thérèse répète : « J'ai soixante ans passés, je sais ce que j'ai à faire. Si j'ai pas envie d'aller voir le docteur, j'irai pas. »

En fait, elle devait aller garder le lendemain le fils de sa fille Linda. Pour rien au monde elle n'aurait voulu manquer sa promesse. Céline trouve une babysitter en cinq minutes et convainc sa mère de venir avec elle chez le médecin. Il diagnostique une insuffisance cardiaque et lui fait dès le lendemain matin un quadruple pontage. Thérèse est vexée de s'être trompée ! Pour une des premières fois de sa vie, elle vient d'être prise en charge par sa propre fille cadette. Les rôles se sont inversés.

Le soir même, sa mère hors de danger, Céline reprend sa tournée.

Je veille sur celle qui m'a tout appris
C'est le jeu de la vie,

pourra-t-elle chanter encore longtemps devant sa mère apaisée.

Le triomphe

Comme jamais rien n'est de trop pour René, et puisque cette tournée est un triomphe, il faut le dire, le crier sur les toits. Il a convaincu Céline de s'en vanter, à la télé, à la radio, dans les journaux. Il faut que ça se sache, mille dioux ! Elle ne s'en prive pas ! Les snobs la boudent. Quelle vulgarité d'avoir du succès et, qui plus est, de le dire ! Pendant ce temps, les salles sont remplies à craquer. D'un public varié. Dans sa loge viennent la voir des personnalités du sport, de la chanson, de la médecine, aussi bien que de la politique ou du monde des affaires. Elle ouvre les bras.

Un soir, la responsable des émissions de variétés de Radio-Canada, Carol Reynolds, vient dans sa loge lui proposer de produire un show télé avec elle pour le public canadien de langue anglaise. René, Céline et Carol vont dîner ensemble pour en parler plus en détail. Céline parle de son désir de travailler avec David Foster si difficile à joindre. David ? Carol doit le voir quelques jours plus tard à Los Angeles. Elle emportera avec elle l'album « Incognito » et la cassette de « Have a Heart ». « Il va adorer », prophétise Carol. Et soudain les astres étincellent dans le ciel de Céline. Des jours de fête se profilent.

Pendant une répétition, René déboule comme un fou et susurre à son oreille, très excité :

— Je viens de parler avec David Foster, il est sûr que tu as tout pour réussir aux États-Unis.

Il avait même parlé de *that little something extra* qui est l'apanage des grandes stars. Il voulait travailler pour elle. Quand ? Dans six mois. Comme c'est long, quand on a vingt ans ! Céline se lasse d'avoir à attendre pour tout. René évite la plupart du temps de se trouver dans des situations d'intimité avec elle. La carrière passe toujours en premier. Elle meurt d'impatience qu'il se passe quelque chose entre eux. Cela ne saurait tarder, elle en est sûre à présent. Dans un avion qui les ramenait de Paris, elle a appuyé la tête contre son épaule. Mais cette attitude n'est pas innocente, c'est le don d'elle-même qu'elle lui fait. Elle le respire, s'abandonne, et, dans un faux sommeil aux aguets, rêve en direct à celui qu'elle aime. S'il pouvait poser ses mains sur elle, quel bonheur ce serait ! Elle ne sait rien des gestes de l'amour, sauf ce qu'elle en a lu. Mais lui, qui en connaît un lot, ne semble pas se résoudre à toucher ce corps qui s'offre à lui. Peur du qu'en-dira-t-on. Peur de choquer. Peur de la différence d'âge. Peur de la mère, peut-être. Mais tout cela va voler en éclats. Ce sera pour le 30 mars 1988, elle vient d'avoir vingt ans !

Ils sont à Dublin pour le concours de l'Eurovision. Elle représente la Suisse en tant que Canadienne française avec une chanson écrite par une Italienne et un Turc ! À point nommé, si l'on ose dire, Thérèse vient d'être opérée à cœur ouvert. Elle ne peut les accompagner pour ce bref aller-retour en Europe. Comme le ciel fait bien les choses, parfois ! Maman Thérèse a laissé sa place dans le cœur de Céline. Son cœur à elle en a beaucoup souffert. Cette enfant-là n'était-elle pas devenue le cher objet de sa vie ? Un autre en a repris les rênes avec une toute autre puissance. L'homme, l'amour, l'amoureux, ont enchanté le rêve de la jeune fille. Même si ce rêve avait pris naissance dans l'esprit d'une mère.

Ce jour-là, à Dublin, le challenge est énorme. Des centaines de millions de téléspectateurs regardent l'émission. C'est l'événement le plus regardé au monde après les jeux Olympiques ou la soirée des Oscars à Hollywood. Un concurrent a la mauvaise idée de chanter une chanson intitulée « Go », le mot fétiche de Céline. Mauvais présage. René a choisi pour elle une chanson qu'elle n'aime pas. Trop solennelle à ses yeux. Mais elle se jette dans l'arène de toutes ses forces. Ensuite, elle reste prostrée dans les coulisses avec un très mauvais pressentiment. Le chanteur anglais est entouré, on lui explique de quelle façon arriver sur scène pour recevoir le trophée. Céline frémit. Elle ne pense qu'à aller retrouver René pour le consoler de cet échec. La chanson n'était pas celle qu'elle aurait choisie. Ils ont fait une erreur. Tant pis.

Deux ou trois juges ne se sont pas encore prononcés. Enfin, la sentence tombe : Céline l'emporte à un point près. Abasourdie, assommée, pétrifiée de joie, elle va chercher son prix, en larmes évidemment. Elle bégaie quelques mots au micro, riant, pleurant à la fois. Peu importe, elle ne pense qu'à se jeter dans les bras de René. Elle s'y précipite et le couvre de baisers fous sans aucune retenue. Elle est au nirvana. Elle explose de bonheur. Enfin, elle le sent fondre, ses barrières tombent, c'est certain. Selon le rite habituel, il la raccompagne dans sa chambre et entreprend sans broncher de lui raconter par le menu la journée qu'ils viennent de vivre. Tout y passe, sa chanson, ses attitudes en scène, la valeur, ou pas, des autres finalistes, les mots qu'elle a prononcés. Céline n'écoute rien, elle plane et se laisse bercer par sa voix, les yeux pétillant de visions excitantes. Elle revoit ces baisers quotidiens qui glissent chaque jour un peu plus près de sa bouche. De quelques millimètres. Il a presque effleuré ses lèvres bien des fois. Même si elle l'y a aidé. Elle a voulu tout lui donner. Elle lui donnera tout. Au fur et à mesure de ce don, elle s'épanouit dans une certaine jubilation. Elle a décidé de le conquérir dans une guerre amoureuse où son orgueil entre pour autant que sa passion.

Elle est assise comme une idole triomphante à la tête du lit, les jambes repliées sous elle. Elle est seule avec l'homme. Elle atteint au but auquel elle aspire de tout son être depuis des années, envers et contre tout. René s'aperçoit qu'elle ne l'écoute pas. Il se tait. Céline sort de son rêve, éveillée par ce soudain silence. Les paroles ne la bercent plus. Elle sourit dangereusement. René détourne les yeux, touché en pleine cible. Il se lève du bras de fauteuil où il était assis et se dirige prudemment vers la porte. Ah mais non ! Il ne va pas s'en tirer comme ça ! Sans même le moindre baiser ! Il a déjà ouvert la porte, tourné vers elle. Elle se jette contre lui, se presse dans ses bras et lui lance comme une estocade finale : « Tu ne m'as pas embrassée, René Angélil. » C'est un reproche, un cri de guerre, un cri d'amour. Il n'a pas le temps de répondre. Elle l'embrasse à pleine bouche. Il la serre très fort... et s'enfuit pour rejoindre sa chambre. Elle reste seule, le cœur grand ouvert, les jambes tremblantes, comblée d'une attente voluptueuse. L'adversaire s'est trahi en fuyant, pense-t-elle. Elle se jette sur le téléphone, fait le numéro de sa chambre et le menace, victorieuse : « Si tu ne reviens pas ici tout de suite, je vais frapper à ta porte. »

L'homme est dubitatif. Il ne s'est pas encore autorisé à entrer dans cette sorte d'amour qu'elle lui propose. Il n'a toujours pas fait ce pas-là. Une grande tendresse les lie, mais il en a exclu l'aspect érotique. Ne pourrait-on pas lui reprocher d'avoir « profité » de l'absence de Thérèse ? On connaît moins René qui reste un homme secret, mais une certaine délicatesse mêlée de prudence ne retient-elle pas ses gestes ? Ses virées à Las Vegas lui ont procuré d'autres plaisirs où sa protégée n'entre pas. Ils sont plus vulgaires, plus sulfureux, plus mercantiles. Sa chambre ne répond pas. Un peu plus tard, c'est lui qui la rappelle du hall où il est descendu reprendre ses esprits. « Si tu veux vraiment cela, c'est moi qui serai donc le premier. » Céline exulte. « Bien sûr que je veux… Tu seras le premier et le seul », affirme-t-elle. Suivent deux nuits d'amour.

Dans l'avion qui les ramène à Montréal, le commandant de bord a signalé – poussé par René ? – que Céline Dion, qui vient de remporter l'Eurovision, est parmi eux. Tout le monde a applaudi. À l'aéroport de Mirabel, une meute de journalistes armés d'appareils photo, de caméras et de micros, les accueille. René a rapporté les gros titres des journaux qui chantent les louanges de Céline. Au Canada, très peu de gens connaissent l'Eurovision. René donne une conférence de presse devant une centaine de journalistes. Céline, la petite Québécoise, issue d'un obscur village nommé Charlemagne, et d'une famille de quatorze enfants, est en train de devenir une star internationale. Il réjouit l'assemblée en ne manquant pas de préciser qu'elle a pleuré comme une madeleine. Il faut savoir que ça fait partie du spectacle !

Céline est radieuse. Les participants croient que cela vient de sa victoire. Mais elle brûle du désir de leur en faire connaître la vraie raison. Elle a fait l'amour avec l'homme de sa vie. Ce serait autrement excitant si elle pouvait l'annoncer publiquement. Surtout que la plupart piétinent d'impatience pour obtenir la confirmation officielle de ce qui se dit partout. René ne parle que de carrière, prochaine tournée, prochain album en anglais, dans les meilleures conditions au monde, ils seront tous « par terre » ! Bla-bla, bla-bla. N'y tenant plus, une journaliste se lance et demande carrément s'ils sont heureux ensemble. On croirait qu'elle a déjà tout deviné. René, félin, répond adroitement : « Je ne donnerais pas ma place pour tout l'or du monde. Céline non plus, j'en suis sûr. On partage le même rêve, elle et moi. »

Et le même amour, pense Céline. Mais silence, il lui a bien recommandé, dans cette chambre du péché, de ne rien révéler à personne. Céline gémit de déception. Combien de temps encore va-t-elle ainsi devoir cacher son bonheur ? Un certain temps. Mais pourquoi ? Il faut d'abord en parler aux plus proches, aux parents. Oui, évidemment, il a raison, mais ce « certain temps » va durer indéfiniment et user la patience de la jeune fille. La journaliste insiste :

— As-tu un amoureux, Céline ?

C'est tout ce qui les intéresse. Ce par quoi ils entretiennent le suspense auprès du public. Céline bégaie, avale sa salive, évite de regarder René qui ne la quitte pas des yeux et répond avec aplomb :

— Non, ma carrière passe en premier. Je m'y consacre entièrement.

Mensonge qui lui arrache la langue. Et qu'elle devra poursuivre encore longtemps pour son plus grand désagrément. Il lui semble s'enferrer dans un carcan qui l'étouffe. Et puis elle est si fière, elle la petite fille tissée de rêves, d'avoir conquis cet homme qui l'avait d'abord tant impressionnée. Pour l'instant, sa gloire de chanteuse n'est pas aussi réelle que la conquête de son amour. Chanter n'est rien, l'amour est plus grand. Chanter, elle le fera toujours au mieux si elle peut aimer sans contrainte.

Maintenant, sa famille a compris que cet amour la rend heureuse. D'autres couples avant elle, marqués par la différence d'âge, ont vécu très heureux. Elle cite l'exemple prestigieux de Charlie Chaplin et d'Oona O'Neill qui ont même eu plusieurs enfants ensemble. René a essayé d'éviter de tomber amoureux. Il a fui à Las Vegas, à Paris, pour confier son tourment à Eddy Marnay. Celui-ci lui a posé les bonnes questions. « L'aimes-tu vraiment ? Es-tu sûr de toi ? Ne risques-tu pas de gâcher sa vie ? » Non, René l'aime maintenant « comme un fou ». Elle a envahi sa vie. Le tendre souci obsessionnel de sa carrière a fait place à un sentiment puissant. Alors si tu l'aimes, a dit le vieux monsieur qui a l'âge d'être son père, tu ne pourras pas lui faire de mal.

Céline croit que René pense d'abord au qu'en-dira-ton. Que les mauvaises langues peuvent tout détruire. Il adhère au dicton « Pour vivre heureux, vivons cachés ». C'est ce qu'il impose à Céline. Elle en souffre, s'y résout cependant, le cœur en révolte. Elle se tait bien malgré elle, car elle a décidé d'offrir sa vie en pâture au public. Non par impudeur, mais parce qu'il n'y a pas de distance entre ce qu'elle vit et ce qu'elle chante. C'est même ce qui bouleverse les foules. Ce pour quoi elle a donné sa vie. La plupart des deux cents chansons qu'elle enregistrera parlent d'amour. Des chants désespérés aux chants de victoire.

David Foster, le réalisateur vedette des plus grandes stars, allait être prêt à travailler avec eux. Après sa tournée éclair – dix jours, dix villes – en Europe, où elle a chanté avec Elton John à Munich, avec Julia Migenes-Johnson et Michel Legrand, au festival de Cannes, elle reprend la tournée *Incognito*, au Québec. David Foster va venir la voir chanter. Il arrive accompagnée de Linda Thompson, l'ex-femme du King, qu'il vient d'épouser. Ce jour-là, il fait très lourd. « Il pleuvait à boire debout », racontera Céline, dans la langue imagée de son enfance. Ce n'est pas la soirée idéale pour passer devant David. Sous le chapiteau, on étouffe, l'humidité de l'air est suffocante, la pluie claque si fort sur la toile qu'on a parfois du mal à entendre les chansons. Le son est déplorable. Quand on pense que quelques jours plus tard elle doit chanter dans le plus grand théâtre de Montréal ! Mais David ne pouvait que ce jour-là. Céline, indémontable, malgré la chaleur écrasante, chante, comme à son habitude, en donnant tout. Elle présente David au public au cours du show. Il reçoit tout de même une ovation de cette foule de gens qui ne le connaît pas. Il en est flatté. Puis les deux couples vont dîner au restaurant des Laurentides. David, qui a accompagné les plus grands, ne se répand pas en compliments, mais il est décidé. Il suffit que Céline et René trouvent les chansons qui formeront l'album en anglais.

René et le directeur artistique de CBS – alors Sony Music –, Vito Luprano, entreprennent un long travail de sélection des meilleures chansons accumulées depuis plusieurs mois. Il serait temps de joindre maintenant l'utile à l'agréable : Céline et René partent à Los Angeles pour un long séjour, dans une auberge de Malibu Beach, située près de l'endroit où vit David Foster.

Ils exsudent le bonheur. Font de longues balades sur la plage voisine. David et Linda les rejoignent pour dîner certains soirs. Au bout de quelques semaines, Céline fait venir des membres de sa famille avec leurs enfants. Mégo et Suzanne viennent aussi. René passe des heures à écouter avec Céline les musiques que leur adresse Sony. Vito Luprano vient souvent pour en parler. René fait peu à peu un tri. De la meilleure à la moins sûre. Ce sont toutes des chansons d'amour. L'album prend forme de jour en jour.

Mais leur vie est avant tout une vie d'amoureux. Loin des ragots, des indiscrétions. Inconnus et anonymes, libres de se promener sans ameuter les badauds. Céline trouve ce séjour délicieux. Elle s'amuse à faire la cuisine même si elle ne sait pas. René a plus de dons qu'elle pour cela. Elle ne s'aventure pas plus loin que les spaghettis bolognaise, et laisse son homme innover en ce domaine. Il sait comme personne, en bon Oriental, rajouter l'épice qui va transfigurer un plat. Céline dort tard, jusqu'à midi. Elle est du soir, depuis « Le Vieux Baril » où, dès l'âge de six ou sept ans, elle traînait avec bonheur dans le cabaret de ses parents, quand elle n'était pas sur scène en train de chanter les tubes de l'époque ou les chants folkloriques de la province, comme une gamine déchaînée.

René, lui, est du matin. Il se lève à l'aube, à pas de loup, et s'en va acheter une grande partie de la presse, magazines et quotidiens, qu'il dévore sur la terrasse. Tous les jeux et résultats sportifs le passionnent. Dans chaque discipline, il connaît et suit les plus grands champions. Que ce soit en hockey, en baseball, football, boxe ou autre, il veut savoir qui a perdu, qui a gagné, comme si sa vie en dépendait.

Puis, lorsque Céline se lève, il lui fait un résumé de l'ensemble, pendant qu'elle sirote son jus d'orange. Ils passent des jours tranquilles, privilégiés, se dorent au soleil, avant que le rythme effréné reprenne. Tout cela n'est pas anodin. Céline se sent enfin libre comme jamais. Une grande transformation s'opère en elle. Cet amour qui l'oppresse par sa force peut enfin s'épanouir. Elle découvre un nouveau monde. Intérieur et extérieur. La voix, qui s'enracine au cœur d'elle-même, prend une autre ampleur. Elle pratique l'anglais au quotidien et se forge à cet autre langage, une tessiture inconnue. Le corps de son chant évolue. Elle a trouvé l'expression de sa féminité ; renforcé son équilibre, chancelant parfois ; trouvé la vérité de son amour. Elle ne se trompait pas, elle en a la preuve. Elle peut se promener, sortir, passer la nuit au studio Chartmaker, avec l'homme qu'elle aime. Elle peut lui prendre la main, lui dire des mots tendres, se lover dans ses bras, sans craindre d'attirer les foudres sur sa carrière. Sa voix devient « plus souple, plus proche d'elle-même, plus libre, elle aussi, plus éclatante ».

À aucun moment René ne perd de vue le but ultime. Une carrière internationale. Sans cesse, il répète : « Si tu passes à côté… » Céline le coupe « …nous retournons à la case départ, mon amour. Et nous y resterons jusqu'à la fin de nos jours. » Mais son rire éclabousse les vieux nuages d'angoisse qui planaient autrefois. Elle sait qu'avec son amour à lui et son exigence sans faille, elle ira au bout du monde. Pendant l'année entière qu'a demandé l'enregistrement de l'album *Unison*, René n'a pas cessé un instant de se torturer pour perfectionner chaque détail. Mille fois, il remet l'ouvrage sur le métier. Jamais satisfait, voulant toujours aller plus loin. Découragé un jour par le manque de résultat musical, prêt à tout recommencer du début. Reprenant l'audition des pistes d'accompagnement jusqu'à plus soif. Voulant changer un tempo. Mettre des cuivres au lieu des cordes. Rajouter des choristes. Et puis non. Changer le piano pour la guitare. Supprimer l'intro, ou la laisser, trop longue, trop courte. David Foster et lui sont sur la même longueur d'onde. Ils sont motivés par le même perfectionnisme maniaque, méticuleux. Leur devise commune est « on peut faire mieux ». Tout recommencer même. Pourquoi pas ? Et c'est ce qu'ils font.

Arrivés au bout de leurs performances maximales, ils intègrent la proposition de Sony : travailler avec d'autres réalisateurs, dans d'autres studios et d'autres villes. René adore l'idée du sang neuf venu d'ailleurs. David pense aussi que c'est une bonne orientation de travail. Les voici donc qui enregistrent à New York, avec Andy Goldmark, puis à Londres, avec Christopher Neil. Ils disposent, pour cet album, de moyens techniques et financiers énormes. Comme ils n'en ont encore jamais eus. Les grands patrons de Sony leur font une totale confiance. Ils ont tissé des liens très forts avec les musiciens et les techniciens des grands studios d'enregistrement. Au printemps 1989, ils quittent Malibu pour New York, conscients que désormais ils vont mener une vie de nomades. Passant comme des météores de Montréal à Paris, ou de Los Angeles à Las Vegas, sans y séjourner plus de deux ou trois semaines de suite. Ils sont emportés dans un tourbillon qui va durer près de vingt ans et les conduire dans le monde entier. Céline a pris le train dont elle rêve. Il roule à une vitesse folle. Elle n'a pas le temps de voir le paysage en détail mais, dans cette ivresse, elle écume le meilleur des choses. Elle se sent partout chez elle, puisque pour l'instant elle n'a pas de chez elle fixe. Le monde est sa maison.

À Los Angeles, elle se produit sur la scène des Oscars devant le parterre le plus exigeant et le plus sexy qu'on puisse imaginer. Prince, en l'entendant chanter, lui écrit une chanson, « With This Tear ». À New York, la vibration, l'énergie particulière, qui se dégagent de cette ville fantastique, l'électrisent. Andy Goldmark l'accueille comme faisant partie du sérail. Elle enregistre avec lui la chanson « Unison ». Un morceau fait pour la scène, très *dance music*, physique, exigeant, où elle enrichit son spectacle d'une chorégraphie exaltée. Elle aime la scène avec passion. En studio, elle emmagasine des réserves d'émotions dont elle se servira en tournée. Dans la cabine, elle a peaufiné son inspiration et habité les paroles écrites pour elle. Elle y retrouve les fièvres et les frissons vécus dans la vraie vie. Andy a une idée très précise de ce qu'il recherche. Son travail s'achève lorsqu'il a trouvé le son et les rythmes qui se calent sur son projet.

À Londres, Chris Neil agit très différemment. Il ne veut pas travailler *après* sur le matériel offert par Céline, il veut le mettre en œuvre lorsqu'il sera sûr de ce qu'elle veut. C'est tout nouveau pour elle. Quels sont les rythmes, les couleurs qui l'inspirent ? Elle a toujours laissé les autres choisir pour elle. Voilà qu'on lui propose d'être aux manettes. Ils ont longuement discuté de l'orchestration, des arrangements, en particulier pour le titre « Where Does My Heart Beat Now ». Quelle tonalité lui convient, à quels moments de la journée préfère-t-elle travailler ? Le matin ? Le soir ? La nuit ? Éclairée aux chandelles ? Derrière un paravent ? Entourée de gens ? Une chose est certaine, Céline n'existe pas avant 14 ou 15 heures ! À cette époque, elle n'aime ni parler ni chanter avant midi. En revanche, une fois qu'elle est en studio, elle se sent hors du monde, hors du temps. À Paris ou à Los Angeles, aucune différence. Elle est suspendue dans un espace musical où elle évolue en toute liberté. Son instrument d'interprète est si bien rodé que, lorsqu'elle entend un air et des paroles qui lui plaisent, ils s'inscrivent en elle tout de suite. Les ayant intégrés au plus profond d'elle-même, elle est capable de les restituer à volonté. En studio ou sur scène.

Le soir de l'enregistrement avec Chris Neil, elle entre en studio et fait une première prise pour le fun. René et Vito font une partie de billard dans la pièce voisine. Elle s'apprête à reprendre la chanson, lorsque Chris lui lance dans les écouteurs : « C'est parfait ! » Un peu surprise, elle lui demande par sécurité de faire d'autres essais. Ce sera pourtant le premier enregistrement qui sera sur l'album. Les hommes sont super contents, ils ont la nuit devant eux. La baraka est là, il ne faut pas la laisser passer. Ils vont au casino. René gagne gros ce soir-là. Il rentre euphorique et réveille Céline pour lui annoncer que la chance est là. « Tu vas faire les plus grands shows américains, c'est moi qui te le dis ! »

En effet, ce titre va beaucoup compter dans sa carrière. D'abord devant les grands pontes de Sony International, réunis au Château Frontenac pour les grandes décisions. Ensuite dans les plus grands talk-shows de la TV américaine où elle fait une audience d'enfer, le « Tonight Show » de Jay Leno, et le « Late Show » de David Letterman. C'est en l'ayant entendue là que James Horner et Will Jennings lui proposeront d'interpréter le succès planétaire du film *Titanic*, « My Heart Will Go On ».

Et, de la même façon, pour ce titre immortel, ce qu'on entend sur le CD ou à la radio, ce qui a été gravé pour la vie, comme elle le dit, c'est la première prise qu'elle a faite en tant que maquette de travail. Cette chanson dont elle ne voulait pas ! René l'avait convaincue d'en faire au moins un essai en studio. On lui a fait entendre la bande musicale de base. On lui a raconté l'histoire déchirante de cet amour. Elle l'a trouvée très belle. Alors elle a posé sa voix sur la maquette de travail. Ayant bien pris garde de ne pas boire de café avant d'enregistrer, pour que son vibrato ne s'accélère pas. Cela lui arrive lorsqu'elle en boit un ou deux avant de chanter. Puis elle a trouvé une telle ferveur dans le public auprès des gens qui portaient cette histoire d'amour en eux que, du coup, elle s'est mise à l'aimer. Elle recevra en 1998 l'Oscar de la meilleure chanson de film. Ce n'est peut-être pas le titre qui lui convient le mieux, elle avait raison, mais devant ce succès mondial on comprend que René ait insisté !

Dans la grande maison de Sainte-Anne-des-Lacs, qu'elle a achetée au Québec, pour que sa mère y trouve le calme après son opération du cœur, elle trouve un refuge. René est toujours persuadé qu'ils doivent garder secret leur lien amoureux même si tous ceux qui les approchent le voient. Sur scène, elle doit chanter l'amour, mais il lui faut se montrer en femme seule dans la vie. Pourtant, René s'est séparé de sa femme. « Céline a grandi, dit-il, elle a mûri. On a tous les deux la même passion. Demandez-moi pas comment c'est arrivé, je n'en sais pas plus : l'amitié s'est changée en amour. » Les paroliers, malins, ont toujours utilisé sa propre vie pour écrire le texte de ses chansons. Du coup, ce qu'elle chante en scène, elle doit le nier dans la vie. Ce qui la laisse dans un état de confusion parfois assez douloureux. Elle fait l'amour avec cet homme, veut faire sa vie entière avec cet homme, avoir des enfants avec lui, mais elle n'a pas le droit de le dire.

Le nouveau président de Sony, Paul Burger, qui vient lui rendre visite à Sainte-Anne-des-Lacs où elle se repose, lui-même ne comprend pas. La maison est remplie de la famille Dion. Céline prend un grand bain de frères et sœurs. Elle accueille sa nièce Karine qui a besoin aussi de grand air. La jeune fille est de plus en plus affaiblie par la maladie, mais continue de lutter pour survivre. En l'apercevant sur la route qui mène à la maison, Céline lui fait un grand geste de la main, perd le contrôle de sa voiture, fait un violent tête-à-queue. Elle n'est pas blessée, mais le véhicule est gravement cabossé. Ce choc la ramène brutalement à la réalité. René revient en catastrophe de Las Vegas, affolé.

Leur couple ne sera jamais un couple ordinaire. Elle le sait. René a ses passions. Le jeu, ses amis, le réseau qu'il cultive assidûment dans le show-biz américain. Il aime maintenant le golf et y joue régulièrement. Il est libre, imprévisible, il soupèse, réfléchit sans cesse aux meilleures opérations pour sa carrière. C'est sa façon d'aimer. Il apprécie que

Céline se montre indépendante, forte ; elle lui laisse donner libre cours à cette vie parallèle dont il ne peut se passer.

Suite à cet accident, il veut qu'elle ait un chauffeur. Non, Céline ne veut pas qu'on la conduise. Elle aime être seule ou avec lui. Pourtant, bientôt elle devra se résoudre à avoir sans cesse auprès d'elle des gardes du corps, un secrétaire, une styliste, une habilleuse, etc. René met en place de grands projets avec Sony International. Il travaille à amplifier sa carrière, il y met tout son talent, tout son amour. Elle en est sûre. Paul Burger est venu la voir dans cette optique. Il n'a pas que de bonnes nouvelles à lui apporter. L'album *Unison* est loin de cartonner. Il lui semble qu'elle ne se montre pas sous son meilleur jour. Elle n'a pas su se créer un personnage. Le sien est démodé pour ne pas dire ringard. Il emploie des mots plus doux, mais le fait est là. Sa garde-robe est pourtant bien fournie, mais elle n'a rien à voir avec ses chansons. De New York à Paris, elle court les boutiques de mode sans ligne directrice. Ça part dans tous les sens. Il lui faut aller au bout de sa folie, être elle-même jusqu'au bout des ongles. Se distinguer autant par son apparence que par sa voix exceptionnelle. Si le président d'une multinationale aussi puissante s'inquiète de son avenir, elle doit en prendre note. Ce qu'elle fait. D'autant que la convention annuelle de Sony va bientôt se tenir à Québec. Paul

Burger a mobilisé tout son état-major. René a bataillé pour que Céline chante devant eux.

Elle est programmée à neuf heures et demie du matin ! Pendant que les participants au congrès et les journalistes seront en train de prendre leur petit déjeuner à peine réveillés. La vie nocturne à Québec est très vivante et ils se seront couchés tard dans la nuit. Jamais elle n'a chanté si tôt dans la journée. Même toute petite, à Charlemagne, la maison ne s'emplissait de musique que le soir. Certains auront encore la gueule de bois et nulle envie d'entendre une chanteuse qu'ils ne connaissent pas bien. Du coup, elle se lève à l'aube pour avoir le temps de réintégrer son rôle d'interprète. Déjeuner, puis vocalises pour réveiller sa voix, assouplissement de son corps endormi, remise en selle obligée à l'heure où elle n'aime que le silence et le calme.

Dans la grande salle de bal du Château Frontenac, René a fait installer un système de son propre à réveiller les morts. Céline, prête à conquérir la planète, leur chante « Where Does My Heart Beat Now » à l'heure où d'habitude elle dort !

Ils prenaient leur second café, l'air morne, et ouvrent maintenant de grands yeux effarés devant la puissance de la voix qui les renverse, à peine sortis de leur chambre. Lorsqu'elle termine sa chanson, ils sont comme paralysés, les oreilles bourdonnantes. Céline se retient pour ne pas éclater de rire devant leur stupéfaction. Les amplis à fond continuent de grésiller dans la salle. Pendant quelques secondes, elle est comme un gosse qui vient de jouer une bonne farce. Puis, soudain, ils explosent et se lèvent d'un bond pour lui faire une ovation. Tous ; les grands patrons de Sony, les journalistes de Broadway et de Hollywood, ceux du Québec et du Canada.

Deux mois plus tard, elle fait le « Tonight Show » devant des dizaines de millions de téléspectateurs. Pour l'enregistrement, elle part trois, quatre jours à Los Angeles avec René. À bord de la limousine qui les emmène dans leur hôtel de Beverly Hills, elle entend sa chanson sur les ondes américaines. L'animateur prononce son nom en traînant sur les finales et annonce la sortie prochaine de son album *Unison*. René jubile. Il demande au chauffeur s'il connaît la chanteuse qu'on vient d'entendre. Du tout. Alors, sans pouvoir résister, René, lui ayant demandé son prénom, quitte la voiture avec un sourire rayonnant, en disant : *« Don't forget, Brian, you met Celeeenn Dayonn. »*

Sur Sunset Boulevard, ils vont au plus célèbre des magasins de disques, le Tower Records, et là, à côté des montagnes de disques de George Michael, des Bee Gees et autres stars, s'étalent ceux de Céline. Surmontés d'une immense affiche à son effigie. Au bas de l'affiche, la fameuse phrase de Michel Drucker, devenue en anglais, *Remember the name, because you will never forget the voice.* C'était déjà six ans auparavant. Une éternité.

La voix d'or cassée

Le troisième soir de la tournée au Québec de l'album *Unison*, la voix de Céline se casse. En plein concert, un soir d'automne, à Sherbrooke, elle se brise tout à coup. Elle quitte la scène sur-le-champ, complètement choquée, persuadée que sa carrière s'arrête là. Elle retrouvera peut-être sa voix un jour, changée, méconnaissable. Mais pour l'instant c'est un abominable trou noir. René monte sur scène pour faire une annonce très triste. Tout le monde sera remboursé, bien sûr, et le spectacle reprendra plus tard, peut-être dans quelques semaines, lorsque Céline aura retrouvé sa voix. Si elle la retrouve. Le public s'est levé puis il a applaudi. Dans les coulisses, Céline est en larmes. René la prend dans ses bras, la console, l'embrasse, tente de la rassurer. « Ça va s'arranger », répète-t-il comme un leitmotiv.

Ils rentrent tous les deux à Montréal, silencieux, sous le choc, anxieux, mais liés par le même drame. René avait mis sur pied un grand concert qui devait avoir lieu deux semaines plus tard, à Montréal, devant les producteurs et organisateurs de tournées américains. C'était le début d'une série de concerts qui devait les mener en Amérique du Nord, en Europe, puis dans le monde entier. Soudain, tout semble s'effondrer. A-t-elle trouvé le moyen d'inquiéter suffisamment René pour qu'il ne la quitte plus ? Certains disciples de Freud diront que oui, certainement. Il ne pourra en tout cas pas être en même temps dans les salles de jeu de Las Vegas, et dans celles des oto-rhinos qu'il va leur falloir consulter.

René a pris rendez-vous avec le plus réputé d'entre eux, le Dr Marcel Belzile. Sa clinique se trouve à Longueuil, dans la banlieue sud, et Céline a dormi chez elle dans la banlieue nord, à Duvernay. Il leur faut donc traverser toute la ville, prise dans les embouteillages. Après avoir patienté une bonne demi-heure dans la circulation bloquée, ils décident de prendre le métro incognito ; Céline, pour se protéger, porte une grosse capuche rabattue sur le nez. Elle affronte les courants d'air, la poussière, les écarts de température entre les couloirs et les wagons, alors qu'elle a si peur pour sa gorge. Il ne s'agit pas de rater son rendez-vous. Les gens reconnaissent René et devinent qu'il est sans doute accompagné de Céline, mais personne ne les accoste. Les voilà donc ceux qui dans les salles de concert l'acclament, versent des larmes, lui envoient tant d'amour. Elle est émue de se trouver pressée au milieu d'eux. S'ils savaient combien la Céline triomphante de la scène paye très cher par moments le rêve qui semble si beau ! Enfin ils arrivent sans encombre au cabinet du médecin. Céline est reconnaissante de ne pas avoir été bousculée, agressée ou harcelée.

À la clinique, elle imagine que Belzile va l'examiner, lui prescrire un médicament ou lui faire une piqûre ; lui recommander de se reposer le plus possible et de boire beaucoup. Mais non. L'oto-rhino est un monsieur sérieux et responsable. Il entame un long discours très détaillé sur le danger qui la guette. « Tes cordes vocales sont fatiguées, dit-il, parce que tu les as maltraitées. Tu peux continuer à chanter, mais tu devras tôt ou tard te reposer. Sinon tu devras être opérée. Et cette opération changera ta voix. » Catastrophe ! Elle ne peut pas se retrouver avec la voix de Janis Joplin, cassée, rugueuse, ce n'est pas du tout son registre ! Belzile poursuit : « Les cordes vocales sont des petites bêtes fragiles qui ont des ennemis aussi bien dehors que dedans. » Cigarette, poussière, pollution sont de vrais ennemis, mais pas aussi puissants toutefois que le stress, la fatigue ou le mauvais usage de la voix. Les problèmes de cordes vocales ne viennent que très rarement d'une infection, mais plus souvent d'un défaut de technique. Il faut apprendre à bien placer sa voix.

Et puis il est allé plus loin dans le bilan de la situation. Oui, il pourrait lui appliquer un mélange de cortisone et de xylocaïne qui lui permettrait de chanter à nouveau dans quelques heures. Mais il y a de gros risques. Cela pourrait provoquer à terme des ruptures et des déchirures dans les tissus vocaux. Ou bien briser la voix pour toujours. Et là, il n'y aurait plus de recours.

Céline, fascinée par ce qu'elle entend, boit ses paroles et entrevoit toutes les erreurs qu'elle a pu commettre par incompétence. Elle décide immédiatement de tout changer. Plus de bains de foule, d'embrassades inconsidérées comme elle le faisait jusque-là. Plus de visites de groupes dans sa loge. Elle allait dormir, se détendre, manger convenablement, fuir l'alcool, le café. Elle allait réapprendre sa voix. Retourner à la case départ. Elle sentait ses résolutions inébranlables. Elle partirait en guerre contre ses mauvaises habitudes. Tout dépendait d'elle. Au moment de se dire au revoir, le docteur lui conseilla de consulter le Dr William Gould, à New York, qui était son maître en la matière. « Il te dira s'il pense que tu dois être opérée ou s'il y a d'autres solutions. »

Céline doit arrêter un mois sa tournée au moment des fêtes. Elle a encore à assurer quelques dates jusque-là en s'imposant de longs moments de silence. Les rumeurs se répandent déjà à toute vitesse. Fin de carrière. Chant du cygne. Adieux définitifs au monde du spectacle. Les journaux people sont pleins de ces commérages, qu'on retrouve à la radio presque chaque jour. Un vrai feuilleton tenant en haleine ses millions de fans. D'autre part, au gala de l'Adisq, elle

En 1982, lors de ses débuts dans l'émission « Champs-Élysées » de Michel Drucker. Une voix exceptionnelle, une timidité de jeune fille.

Le 4 mars 1985, Céline participe à l'enregistrement de l'album caritatif québécois *Les Yeux de la faim.*

Le 28 septembre 1987, en compagnie de Luc Plamondon lors de la sortie de l'album *Incognito*.

Le 30 mars 1992, dans l'émission populaire « The Tonight Show » lors de la sortie de son deuxième album anglophone, sobrement intitulé *Céline Dion*.

Le 14 octobre 1992, lors de sa première visite à Brisbane, en Australie.

Le 17 décembre 1994, elle épouse
René Angelil à Montréal.

Le 1er janvier 1996, en compagnie des Chœurs de l'armée Rouge pour l'émission « Faites la fête », présentée par Michel Drucker.

1996, recevant un disque de diamant pour avoir vendu un million
emplaires de l'album « D'eux », qui atteindra le score inégalé de
millions de ventes, record de l'histoire du disque francophone.

Le 22 janvier 1996, Céline chante avec Jean-Jacques Goldman à Cannes lors de la 30e édition du Midem.

Le 13 octobre 1997,
sur un parcours
de golf à Montréal.
Un passion qui ne la
quittera jamais.

Le 16 novembre 1998, au stade de France, Céline repère les lieux avant ses concerts des 19 et 20 juin 1999 qui réuniront plus de 100 000 fans.

Le 9 juin 1998, à Modène, lors d'un concert pour le Libéria
avec Stevie Wonder, Bon Jovi et les Spice Girls.
Puis, au côté de Luciano Pavarotti, interprétant
« I hate you then I love you ».

Le 11 janvier 1999, Céline Dion remporte trois American Music Awards à Los Angeles.

Le 6 janvier 2004, posant sur le « Walk of Fame » à Hollywood.

Le 16 septembre 2004, pendant les World Music Awards, recevant son prix de « Meilleure vendeuse de disques au monde » des mains de Michael Douglas.

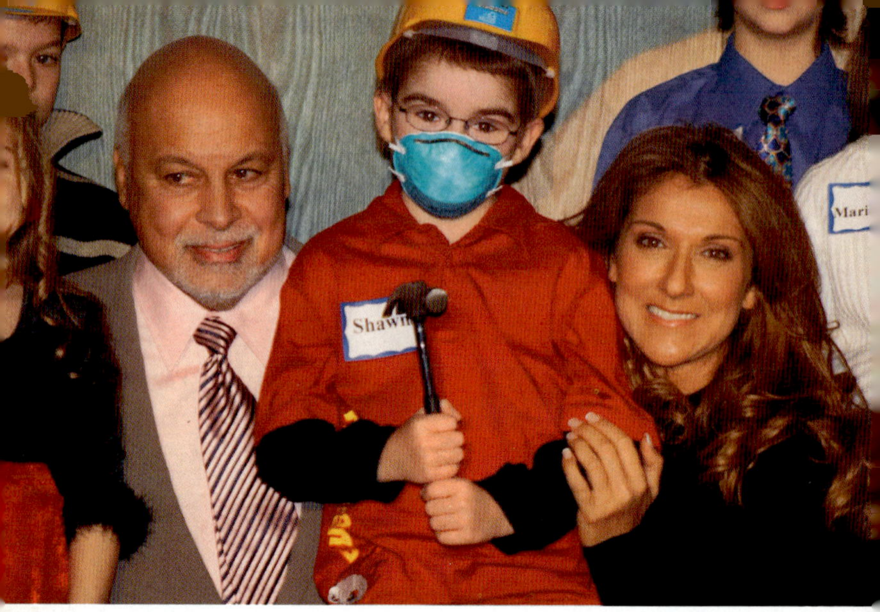

Le 7 décembre 2005, à l'hôpital Sainte-Justine de Montréal, elle participe à la campagne « Grandir en santé » dont elle et René sont les porte-parole.

Le 20 février 2006, Céline chante avec Elton John « Saturday night is alrig (for fighting) » à l'occasion d'un concert caritatif.

Le 15 décembre 2007, elle pose pour le finale de son spectacle au Caesar Palace de Las Vegas.

Le 22 mai 2008, Nicolas Sarkozy lui remet la Légion d'honneur, en présence de son mari, de son fils et de sa mère.

À Sydney en 2008, Céline revient sur scène après trois semaines d'absence pour un problème de cordes vocales.

Le 25 mai 2008, Céline et René posent à côté de leurs statues au musée Grévin.

Le 4 décembre 2009, elle chante « O' Come All Ye Faithful » pour l'émission « Disney Parks Christmas Day Parade » dans un hôtel de Floride.

Le 16 février 2011, Céline Dion est de retour au Caesar Palace de Las Vegas, en compagnie de René, de leur fils René-Charles et des jumeaux Nelson et Eddy.

Le 10 novembre 2013, sur le plateau du « X-Factor » anglais.

Le 15 septembre 2011, en concert à Central Park
avec Andrea Bocelli.

Le 26 juillet 2013, Céline Dion et René Angelil reçoivent l'insigne de Compagnon de l'ordre du Canada, équivalent de la Légion d'honneur.

a refusé le trophée attribué à l'interprète anglophone de l'année. « Je ne suis pas une anglophone », a-t-elle déclaré. Et elle s'est fait huer par le public canadien. Mais elle ne renoncera jamais non plus à chanter en anglais, seule façon pour une chanteuse de faire le tour du monde. Ses shows en anglais sont donc boudés par les Québécois. Sous les problèmes de langue se cachent des rivalités politiques. « C'est très compliqué, chez nous, cette histoire-là », dit-elle, sans épiloguer sur le sujet.

Son dernier gala au théâtre Saint-Denis est un triomphe. Elle est une fois de plus acclamée et, par la même occasion, René également. Leur histoire d'amour, avouée ou non, enchante le public.

Dès que la tournée s'achève, elle part à New York avec René, consulter le Dr Gould. C'est un homme raffiné et plein d'humour. Il a soigné John Kennedy, Frank Sinatra, et beaucoup d'autres célébrités au cours de près d'un demi-siècle d'exercice. Il tient le même discours que son confrère. « Il faudra probablement t'opérer. » Céline entrevoit l'horreur et refuse la perspective impensable. « Il y a bien une autre solution… », poursuit-il. « Je prends ! » coupe-t-elle sans attendre. Trois semaines de silence. Pas de risques, pas d'effets secondaires. Silence absolu. Céline sourit, ferme la bouche sous son index, entame le silence dès maintenant. Ne pas parler, même en rêve. Ne pas rire. Sans tricher. Si elle parle, il le verra à la prochaine consultation.

Ah ! ces vieux professeurs, quels despotes ! Elle va se retrouver terriblement seule dans ce silence imposé. Elle passe les fêtes sans ouvrir la bouche. Ses frères et sœurs chantent comme des dingues. Elle, n'a droit qu'aux maracas ou au tambourin. Ces cures de silence vont faire partie de sa vie, désormais. Quand elle revoit le Dr Gould, il semble très satisfait du résultat. Il est même stupéfait de constater à quel point elle s'est tenue scrupuleusement à ses directives. Elle est prête pour commencer l'entraînement avec le Dr William Riley. Ses façons à lui ne sont pas moins extrêmes. Il la plaque au mur, la tord dans tous les sens, lui met la tête en bas, les bras en croix. Elle doit faire des vocalises quelle que soit la position. Elle apprend à faire jouer toutes sortes de petits recoins oubliés dans sa gorge, au lieu de pousser un son tendu. Non pas que sa voix ne fût pas belle jusque-là, mais ses cordes vocales étaient employées sans le soutien des tissus environnants.

Le Dr Gould, frappé du perfectionnisme de sa patiente, entre un jour pendant une séance d'entraînement, avec un gros monsieur barbu, tenant délicatement à la main un mouchoir de batiste blanc. C'est Luciano Pavarotti. Il veut les faire se rencontrer. Il lui propose de faire entendre sa voix à cette star internationale de l'opéra. Un peu interloquée, Céline ne peut pas refuser. Que chanter ? Ce qu'elle veut. Elle entonne quelques phrases de « You Bring Me Joy ». Pavarotti la regarde intensément. Il s'attendrit et la complimente, en insistant sur l'émotion qui se dégage de son chant. Elle est très touchée. Gould est très fier.

Quant à William Riley, lui-même musicien, il poursuit un enseignement fructueux auprès de Céline. Elle redécouvre avec lui tous les aspects de son instrument de chanteuse. Le masque, pour la voix de tête et les résonateurs, la poitrine, pour le souffle, le ventre, pour la colonne d'air. Sa voix lui semble nouvelle et ronde comme elle ne l'a jamais été. Son univers musical s'élargit. Le côté fermé, nasillard, de certaines de ses notes doit disparaître. C'est un défaut venu de son enfance qui défigure sa voix par moments. Elle a tenté de lutter contre, de la mauvaise façon. Il faut à la place des exercices d'échauffement, d'assouplissement, des vocalises patientes qui épanouissent le son.

Un jour où René assiste, perplexe, à une séance de travail, il finit par poser la question qui lui brûle les lèvres : « Dans combien de temps on verra le résultat de tout ça ? » Riley, très prudent, parle de cinq années avant que Céline trouve sa meilleure voix. René a du mal à encaisser. Il comprendrait très bien, lui dira-t-il en sortant du cabinet, qu'elle refuse de sacrifier sa vie pour un résultat hypothétique. Si lui-même, on lui proposait un régime qui le ferait maigrir dans cinq ans, il refuserait ! Mais alors quelque chose lui échappe. Céline est entrée en chanson comme en religion. Ce qui ne la fait pas aimer de tout le monde, d'ailleurs. Elle ne dérogera pas une seconde à son engagement. Toutes les grandes cantatrices ont dressé une muraille infranchissable autour de leur règle de vie. Elles sont difficiles à vivre, anxieuses, méticuleuses, phobiques des dangers encourus par leur voix. Soit elles en meurent comme La Callas, soit un jour elles renoncent et leur carrière s'épuise.

Heureusement, Riley n'est pas psychorigide.

— N'en fais pas trop, ça n'ira pas plus vite. Oublie tout avant de monter en scène.

Il faut garder le feeling. Pour cela, elle sait faire. Mais maintenant qu'elle est lancée sur ce chemin, rien ne lui paraît de trop. Elle consulte une autre oto-rhino avec qui elle passe des heures à étudier sur écran tous les organes de la voix. Les cordes, la trachée, le pharynx. Elle voit tout cela grâce à la petite caméra qu'on lui glisse dans la gorge. Une horreur ! Mais elle découvre toute la complexité du processus. L'intégralité de la position du corps entre en jeu. Il faut se tenir droite, repousser les positions avachies. Plus de longues stations dans les fauteuils mous, plus de coudes sur la table. Son corps entier devient le réceptacle dédié à son chant. Elle retrouve la nature de l'entraînement athlétique qui l'avait tant fascinée chez les grandes championnes. Elle suit son nouveau régime comme une maniaque, y prend plaisir. C'est la dimension qui manquait à sa vie. Elle tient de longues notes jusqu'au bout du souffle, fait voyager le son de la tête au ventre, pour évaluer des textures et des couleurs variées. Et puis elle recommence. Patiemment, infatigable, obstinée. Cherchant à contrôler sa voix, à la maîtriser. Elle la découvre certains jours, indépendante, rétive, boudeuse, fuyante. Se mesure à elle comme à une personne. Parvient à un rapport quasi schizophrénique où les victoires la comblent. « On a passé, dit-elle, toutes seules, ma voix et moi, dans ma loge ou dans ma chambre, de bien bons moments ! »

L'aspect le plus pesant de l'entraînement qu'elle s'impose est le silence. De grandes plongées en solitaire. Des traversées du désert. Elle qui aime tant communiquer. Elle se fait des films d'horreur. Elle devient définitivement muette. Aucun son ne sortira plus jamais de sa bouche ! Elle se fait pleurer toute seule. Sa mère entre, interdite, dans sa chambre et la trouve en larmes. Ce n'est qu'un jeu ! Puis elle reprend le fil du tournage jusqu'à la fin heureuse. René lui a tellement demandé la perfection. Elle s'y livre pieds et poings liés. Mais c'est ce qu'elle veut. Lorsqu'elle ne chante pas, si elle a une interview, Manon ou Suzanne répondent pour elle : elle est en retraite pour composer des musiques ; écrit des chansons, des romans, des scénarios, prépare un clip. Elle n'est pas que chanteuse. Elle est une artiste complète. Elle a découvert le monde de l'introspection et s'y trouve confortable. Il lui est même devenu indispensable. Elle sait désormais qu'elle y retournera toujours.

Au cours de ces périodes de silence, elle a développé un langage de signes qui fonctionne surtout avec ses sœurs. Elles savent lire sur ses lèvres. Ça se passe bien avec les filles. Quant à René, il faut lui faire des petits croquis, ou que Manon lui traduise le texte. S'il fait semblant d'avoir compris, alors que pas du tout, Céline s'en aperçoit tout de suite. Ce n'est pas mieux avec son frère Michel. Les hommes ont le réflexe de parler plus fort et plus lentement que d'habitude en prenant un air abruti. Ils articulent outrancièrement comme si elle était sourde ou attardée. Lorsqu'elle appelle sa mère au téléphone, elle donne un coup sur le micro pour oui et deux, pour non.

Elle a tant extraverti son âme, depuis toujours, que le silence est devenu son refuge. Elle s'absente dans ce séjour de paix, au point qu'il lui semble être, dans ces moments-là, invisible. La musique continue en elle. Une petite voix chantonne intérieurement. Des mélodies la traversent. Elle les note ou les oublie. Ces séjours au désert, comme les pratiquent régulièrement les religieuses cloîtrées, lui restituent sa force. Celles-ci avertissent d'ailleurs leurs compagnes : « La semaine prochaine, je suis au désert », pour qu'on ne leur parle pas. C'est un monde très vaste d'où provient la musique. Le gisement est immense si l'on y prend garde.

Après plusieurs mois de ce régime, chansons, silence, chansons, silence, elle ne constate pas vraiment de changement dans sa voix. Mais elle persiste. Elle a entrevu un horizon lointain au plaisir de chanter. Pendant ce temps, René se creuse la tête pour créer l'événement. Il a décidé de célébrer en fanfare le dixième anniversaire de la carrière de Céline, au Forum de Montréal. De 1981, chez Michel Jasmin, premier interviewer, jusqu'à ce jour de 1991, où elle termine sa tournée au Canada, cela fait dix ans pile.

Comme toujours, Céline redoute de fanfaronner, René pense, lui, qu'il faut crier sa joie. Elle a fait un triomphe au Canada, pas question de rester modeste. Il faut revoir les grands moments de sa carrière, en faire un montage, reprendre ses grands succès. Céline passe donc de longues soirées à visionner des émissions, des shows, qui ont jalonné les dix dernières années. Dure épreuve ! Par moments, elle croit rêver. Quoi, elle a porté cette robe ridicule ! Elle s'est montrée à la TV avec ces dents-là, cette coiffure, cette voix nasillarde ! René, lui, s'émerveille devant le chemin accompli. Elle a prétendu qu'elle n'avait pas besoin de cours de chant ! Mon Dieu ! Quelle naïveté ! Mais c'est aussi ce qui la touche. Elle retrouve les prémices de son rêve. Elle rit d'elle-même devant les côtés mal dégrossis de son personnage. Ces larmes intarissables. Ces tenues folkloriques sans élégance. Que d'erreurs ! Elle entend aussi cette voix qui l'a rendue célèbre et trouve le public bien indulgent. Le pape, l'Olympia, le Vieux-Port de Québec, Los Angeles, Paris, Tokyo. Elle navigue entre rire et larmes.

Au Forum, le 19 juin, c'est un grand délire qui n'en finit plus. Le public connaît toutes ses chansons par cœur. Devant les spectateurs debout, elle rend hommage à sa mère. À ses paroliers, ses compositeurs. Elle revient portant le maillot de l'équipe de hockey et a droit à une ola enthousiaste.

Elle a chanté les titres phares de *Starmania*. Vito Luprano lui propose alors de faire un album avec les succès de Luc Plamondon, plus quatre nouvelles chansons écrites pour elle. D'habitude, elle enregistre sur des pistes d'accompagnements toutes prêtes. Mais, cette fois-là, elle s'investit dans le choix des chansons, la réalisation de l'album. Le travail de studio se fait à Paris, boulevard des Batignolles, avec Michel Berger. C'est un moment de pur bonheur.

Un soir, dans le studio déserté, tandis qu'elle avale un yoghourt et que René sirote son Coca light, il lui dit comme une confidence : « Tu sais que ta voix n'a jamais été aussi belle. » Mais cela fait à peine un an qu'elle s'entraîne ! Il faut encore trois ou quatre ans pour voir les résultats ! Pourtant, sans oser en parler, il lui semble aussi que sa voix a commencé à changer. Elle la trouve plus lumineuse, plus large, plus souple. Le timbre est clair et fiable. Elle peut changer la tessiture et les couleurs, à son gré, plus facilement. Elle continue à voir le Dr Riley à New York, tous les deux mois. Elle sort de chez lui gonflée à bloc. Et surtout déterminée à poursuivre son étrange régime : pas de produits laitiers, d'alcool ou de boissons gazeuses, pas de thé, de café ni de fruits acides. Des tisanes, et des jus de fruits pas trop souvent. Pas de dessert, de chips ni de cacahuètes. Tout cela non pas par période, mais tout le temps. Il y faut une attention constante, maniaque. Installer des automatismes contre la crème anglaise ou le sirop d'érable.

Cette discipline-là, elle se l'est imposée pendant dix ans. Se créant une sorte d'apesanteur, de bien-être léger, d'aisance dans les mouvements, proche de l'ivresse des hauteurs. On l'a crue anorexique, dépressive, en fait elle se sent très bien. Avant chaque spectacle, elle se plonge dans le silence pendant trois, quatre, cinq jours. Elle descend en elle-même. Pas d'air climatisé, de fumée de cigarette ni de personnes grippées auprès d'elle. Elle refait ses forces et organise toute sa vie en fonction de sa voix.

Une première fois, elle avait pris un an pour travailler son apparence, dents, coiffure, tenues vestimentaires ; cette fois-ci, elle prend dix ans de sa vie pour nettoyer son âme et en faire une athlète. Elle se sent confortée, rassurée, encadrée par cette nouvelle hygiène de vie.

Le 30 mars 1992, le jour de ses vingt-quatre ans, elle chante aux Oscars, au Dorothy Chandler

Pavilion. Elle est dans *the very biggest of big time*, comme on dit à Hollywood. Le parterre est impressionnant. Les plus grandes stars américaines vont l'entendre chanter. Liz Taylor, Paul Newman, Tom Cruise, Michael Douglas, Barbra Streisand – son idole –, Liza Minnelli. Tous ceux qu'elle a longtemps rêvé de rencontrer. Ils sont à ses pieds, ils la regardent, l'écoutent, comme elle les a écoutés ou regardés avec passion. Elle se sent à la fois si petite et si proche devant eux. Ils lui font un triomphe. Elle est pleine de reconnaissance envers ceux qui l'accueillent au cœur de la forteresse mondiale du cinéma.

« Pas du tout ! s'écrie René. S'ils t'applaudissent, c'est qu'ils te considèrent comme une vraie star toi aussi ! » Et puis, comme cette jeune femme n'a pas fini de l'étonner, il a voulu lui faire un plaisir tangible. Il a réussi à trouver deux fauteuils pour les parents de Céline. Ce qui ne fut pas une mince affaire pour une telle cérémonie. Au cours de la réception qui suit, Céline éblouie, scintillante de son succès, entend comme dans un songe René lui nommer toutes sortes d'étoiles qu'elle ne connaît pas. À un moment, elle manque défaillir d'émotion. Barbra Streisand vient de lui faire un signe d'amitié et un sourire délicieux.

Quelques mois plus tôt, tous ces gens n'avaient qu'une vague idée de son existence même s'ils l'avaient entendue chanter sur les ondes, mais voici maintenant qu'ils la reconnaissent. Les Oscars sont retransmis dans le monde entier, c'est une véritable consécration d'y chanter une chanson. Celle-ci, la chanson-thème du film de Disney *La Belle et la Bête*, remporte l'Oscar de la chanson de l'année.

Céline est en promotion de ses deux prochains albums, un en anglais, *Céline Dion*, et celui de Luc Plamondon, *Des mots qui sonnent*. Lorsqu'une journaliste de Montréal lui pose à nouveau la question sur sa vie privée, elle répond en riant qu'il y a dans sa vie un homme dont elle est follement amoureuse. « Est-ce que nous pensons au même ? » insiste l'intervieweuse. Mais elle n'en saura pas plus, René ne veut toujours pas qu'on le dise. Enfin pas comme cela. Il voit toujours les choses en grand. De toute façon c'est un secret de polichinelle depuis longtemps, mais rien n'a été déclaré officiellement.

Elle fait une fois de plus le « Tonight Show », puis le « Good Morning America. » Quelques jours plus tard, elle va partir pour une grande tournée avec René. Aux États-Unis, au Japon, puis en Europe. Une vingtaine de grandes villes, des dizaines d'interviews, de shows télévisés, de galas, d'hôtels de luxe. Un tourbillon de folie. L'excitation est à son comble. Ils se reposent quelques jours à Los Angeles, à l'hôtel Four Seasons, avant de s'envoler pour New York pour d'autres shows, d'autres émissions.

Épreuves

Avant de partir pour New York, ils passent quelques jours en amoureux au Four Seasons, à se dorer au soleil. René a un peu plus de la cinquantaine. Le stress incessant, l'amour d'une jeune femme exigeante, les déplacements incessants, ont-ils excédé sa résistance ? Il semble très mal en point. À un moment, il monte dans leur chambre en se plaignant d'un point de douleur dans le dos et de la chaleur. Céline est inquiète, car René n'a jamais assez de soleil ni de chaleur, d'habitude. Elle l'appelle dix minutes plus tard. Il met du temps à répondre. Il a la voix faible. Céline se précipite en maillot de bain, sans attendre l'ascenseur, monte quatre à quatre dans la chambre.

René est étendu sur le dos, assez confus, et semble souffrir. En trente secondes, Céline ameute tout l'hôtel, demande de l'aide, trouve un fauteuil roulant. L'ambulance appelée en urgence se range devant l'hôtel, ils sont déjà dans le hall, René dans son fauteuil, Céline en maillot de bain, l'infirmière de l'établissement à ses côtés. Elle a aussi appelé le service d'urgence du Cedars Sinaï Hospital qui les attend, prêt à intervenir.

René croit qu'il va mourir. Il pleure et gémit en pensant à ses enfants et supplie Céline de ne pas arrêter : « Même si je ne suis plus là, tu dois continuer. » Elle lui demande de se taire pour l'amour de Dieu, il ne va pas mourir, de toute façon sa carrière ne l'intéresse plus. À l'hôpital, elle remue ciel et terre pour qu'on le prenne en charge au plus vite. Elle ne le quitte pas tant qu'il n'est pas installé dans la salle de soins.

Un peu plus tard, elle discute avec autorité en compagnie des médecins qui l'ont examiné et qui tentent de la rassurer. Ils se montrent indulgents envers cette femme lucide mais affolée, qui leur parle très sérieusement, toujours vêtue de son seul maillot de bain ! Qui plus est dans un salon climatisé où elle risque d'attraper froid. L'inquiétude l'immunise contre cette menace. L'état de sa voix en ces circonstances est le dernier de ses soucis. Lorsqu'elle est sûre que René est hors de danger, d'abord elle enfile un peignoir, puis elle s'effondre et se retrouve soudain seule et affaiblie. Il semble que, malgré sa réactivité, ce soit trop lourd pour elle. Vite, elle appelle la famille de René.

Le lendemain, ils sont tous là, enfants, ex-femmes, amis, pour le soutenir. Dans le *Wall Street Journal* apporté par l'un d'entre eux, un grand article chante ses louanges. René est ragaillardi. Si même des gens qui n'ont rien à voir avec le show-biz se réjouissent de leur réussite, cela prouve la valeur de leur travail.

Céline est prête à tout annuler. Promotion, télés, galas, pourquoi tout cela, si René l'abandonne ? Mais René se révolte. « Si j'étais mort et que tu t'arrêtes comme ça, en pleine course, je mourrais deux fois. » Ainsi sa carrière est son chef-d'œuvre à lui. L'idée qu'elle s'interrompe lui est insupportable. À sa façon, il lui a donné sa vie, toutes ses forces.

Céline frémit. Comment poursuivre sans lui ? Où trouver l'impulsion fabuleuse qu'il insuffle à tout moment ? Elle a besoin de son regard, de sa voix, de sa joie, de son amour, de son exigence. Au moment où les portes de la gloire s'ouvrent en grand devant elle, elle a plus que jamais besoin de lui à ses côtés.

René s'est rétabli. Mais quelque chose a à jamais changé. Un état de grâce, une insouciance, une confiance, ont disparu. Il faut que René, dont le cœur a flanché, perde du poids, suive un régime alimentaire, fasse un peu plus d'exercice et évite au maximum le stress. Mais René *aime* le stress ! C'est un joueur. Plus le challenge est fort, plus il est tentant de s'y mesurer. Depuis l'accident de voiture de Céline, il est sans cesse auprès d'elle comme il s'y est engagé. Mais, cette fois, elle a eu trop peur, elle lui demande de ne pas suivre l'épuisante tournée qu'elle s'apprête à entamer. Elle insiste, il doit se reposer, suivre un régime. Et, pour la première fois, René se range à son avis pour une décision importante qui ne vient pas de lui.

Quand une journaliste lui demande si elle a eu peur de perdre son deuxième père, elle se récrie : « Je n'ai qu'un père, Adhémar Dion, que j'aime et qui m'aime. René n'est pas un père pour moi. Il ne le sera jamais. C'est celui qui fait battre mon cœur, c'est l'homme de ma vie. » Ainsi, elle vient de rétablir une vérité qu'elle ne peut plus cacher. Elle avoue qu'ils sont amoureux mais qu'ils tentent de garder leur jardin secret. Céline s'émancipe peu à peu. Quelque chose vient de basculer avec l'incident cardiaque de René. Une partie du carcan qui enveloppait la petite fille vient de céder. C'est la seconde fois, depuis qu'elle a bravé l'interdiction de sa mère d'aimer René.

Pendant que ses deux derniers albums se vendent par millions, elle part en tournée en Europe avec sa fidèle Suzanne Gingue. Les trophées pleuvent de partout, cette année-là. Plus les disques se vendent, plus les artistes remportent de prix. Plus ils sont fêtés, plus ils travaillent. Tout le monde veut les avoir pour attirer l'audience et les annonceurs. Chaque matin, elle doit faire un effort pour se souvenir dans quelle ville elle se trouve. Oslo, Rome, Munich, Stockholm, Londres, Paris, Amsterdam… Toutes les chambres d'hôtel se ressemblent. Dès qu'elle a une accalmie de quelques jours, elle revient au Québec, dans sa famille, et passe des jours un peu plus tranquilles avec René. Mais elle sent bien maintenant qu'elle est dans un autre monde. Ses frères et sœurs sont contents pour elle, mais elle n'est plus la benjamine qui les faisait rêver. Il y a parfois une gêne entre eux, des silences s'installent. Elle repart comme elle était venue, à nouveau aspirée par le tourbillon.

De toutes les villes où elle se trouve, elle appelle René dix fois par jour. Lui fait suivre en direct tout ce qu'il se passe. S'inquiète de lui. Est-ce qu'il se repose, marche chaque jour, fait de l'exercice ? Oui, assure-t-il. Il fait du golf avec ses amis, Marc, Jacques, mange peu, dort beaucoup.

En fait, à son retour à Montréal, elle s'aperçoit qu'il ne s'est pas du tout reposé. Il a préparé l'année suivante, tout planifié jour après jour, tout réglé au détail près. Ils partent ensemble à l'Exposition universelle de Séville où elle doit faire l'ouverture du pavillon canadien. Dans l'avion, il lui expose son programme à venir « dans le monde merveilleux du show-business ». Une tournée aux États-Unis, une autre au Québec et, pour finir, une au Canada. Le tournage de deux ou trois clips. Quelques grands galas en plein air, et la préparation d'un troisième album en anglais. Un rythme effréné. Comme un grand parc d'attractions uniquement composé de grandes roues vertigineuses sur lesquelles elle embarquerait sans reprendre son souffle.

David Foster, enchanté de son travail avec Céline, a écrit une chanson pour laquelle Whitney Houston et Barbra Streisand se sont battues, « The Colour of My Love », mais David la garde pour Céline et René parce que c'est une chanson d'amour qui leur va bien. Il l'a écrite en pensant à eux. Ah oui ? réagit-elle, et pourquoi lui, David, a-t-il le droit de savoir, et pas le public qui la suit depuis des années ? Parce que cette différence d'âge entre eux effraye René. Il craint que dans dix, quinze, vingt ans, une fois qu'il sera vieux et fatigué, Céline ne soit très malheureuse. Il redoute que les gens se moquent, qu'ils disent qu'il a abusé de son pouvoir et de son expérience pour exploiter une femme beaucoup plus jeune que lui. Cela pourrait briser sa carrière. Effectivement, tout cela court au long des articles de presse de mauvaise qualité, depuis longtemps. C'est fait, usé, épuisé. Céline n'en a que faire. À un point… ! René lui a tout donné, tout appris, sur le métier, la scène, sa carrière. Ils sont partenaires à part égale depuis plus de dix ans et amants depuis quatre ans. Maintenant, à vingt-cinq ans, elle se sent une femme libre. Et nullement asservie comme certains se permettent de le dire. René déteste les gens mous qui n'ont d'opinion sur rien. Il sait que sa protégée a un sacré caractère, une volonté farouche, son franc-parler. Sa famille l'a longtemps surprotégée, mais elle a pris son envol. Travaille comme une folle et s'inquiète de lui comme une mère poule.

Quand on l'a interrogée sur le mouvement indépendantiste québécois, elle a eu le malheur de répondre que si cela ne tenait qu'à elle, il n'y aurait de frontières nulle part. Badaboum ! Qu'avait-elle dit là ! Un déluge de protestations de la part des nationalistes s'est abattu sur elle. Elle mesure alors le poids des paroles prononcées par les célébrités. Leur avis est écouté, repris, déformé, par toutes sortes de gens plus ou moins bien intentionnés. À cela, René lui répond :

— N'écoute pas. Dis ce que tu penses. Les gens t'aiment parce que tu es vraie.

Elle a compris que désormais tout ce qu'elle exprimerait serait scruté, analysé, commenté. Elle en dirait à l'avenir le moins possible, voilà tout. Jamais elle ne s'est piquée d'être une femme politique ayant des avis sur tout.

Au retour d'une tournée épuisante en première partie d'un certain Michael Bolton à qui elle vole la vedette haut la main, la première question qu'on lui pose en arrivant à l'aéroport concerne ses amours. La situation devient complètement surréaliste. Elle menace René :

— Quand je chanterai « The Colour of My Love », je dirai ton nom, je te préviens.

Mais René soutient qu'il a une meilleure idée. Elle se laisse convaincre dans l'attente de cette « meilleure idée ». Une fois de plus, c'est lui qui gagne ! pense-t-elle, dépitée.

Maintenant il faut se rendre à l'évidence, chaque fois que René interdit à Céline pour toutes sortes de raisons farfelues – car tout le monde le sait – d'avouer qu'ils sont ensemble, sa voix se casse au bout d'un moment. L'attaque cardiaque de René, le stress, la tournée américaine, la promotion, les galas, les enregistrements d'émissions, tout cela, elle l'aurait supporté. Mais cet empêchement absurde de montrer que l'amour qu'elle chante, elle le vit dans sa vie, cela la brise, défait sa personnalité.

Elle est fière de cet homme, mais non pas en tant que manager mais en tant que l'homme dont elle partage la vie, l'amour, le lit aussi. Elle n'est pas sa pute, il n'est pas son souteneur, elle est sa femme, il est son homme. Il n'abuse pas plus d'elle qu'elle n'abuse de lui. Cette situation lui a donné des cauchemars la nuit, au cours de la tournée où René n'était pas avec elle. Elle se voyait tomber du haut d'un immeuble, dans une ville grise, puis au dernier moment, elle se réveillait en sueur, juste avant de s'écraser sur le sol.

Au gala des Grammy Awards de Los Angeles, elle récolte le trophée pour la chanson du film *La Belle et la Bête*. Au banquet qui suit, elle est à la table de Michael Jackson et Brooke Shields. Les deux filles rient beaucoup ensemble. La chanteuse rêve de faire du cinéma. L'actrice rêve de chanter. Michael Jackson, quant à lui, parle si doucement qu'on ne comprend pas ce qu'il dit.

Elle fait encore de nombreux galas, chante pour Bill Clinton, à la cérémonie des Juno à Toronto. Et puis, le 30 mars 1993, jour de ses vingt-cinq ans, elle se réveille avec des petites pointes de feu dans la gorge. Alors qu'elle a un concert monstre trois jours plus tard au Forum de Montréal. Soudain, la petite fille qui dort en elle n'a plus envie de donner les plus gros concerts du monde, d'être applaudie, ovationnée. Elle veut juste se retrouver elle-même, rester dans la paix et le silence. Elle en a trop fait. Elle part avec Suzanne consulter les docteurs Riley et Korovin, à New York. Ils la grondent et la rassurent. Il lui faut reprendre des jours de silence. Se rasséréner. Seule ou avec celui qu'elle aime ?

À son retour, en fin de journée, René est à l'aéroport. Dans la limousine qui file vers chez elle, elle lui annonce qu'elle ne doit pas parler pendant trois jours au moins. Il a toujours respecté ses silences mais, cette fois-là, il lui demande de le reporter de quelques heures. « Ah bon ? Et pourquoi ? » (Elle n'est pas de très bonne humeur.) « Attends, tu verras. »

Le grand jeu. Il a réservé une suite somptueuse dans un palace du centre-ville. Commandé un dîner avec chandelles et musique baroque. Comme au cinéma, au milieu du dîner, il a sorti un petit écrin de sa poche et l'a posé au milieu de la table. Il avait l'air d'un enfant pris en faute. Puis il a dit avec sa voix chaude :

— Je t'aime, Céline. Je t'aime comme je n'ai jamais aimé personne. Je veux vivre avec toi.

Il était temps. Elle avait failli en crever. Elle a ouvert la boîte, a vu la bague de fiançailles. Elle allait pouvoir le dire au monde entier.

Le plus dur restait à venir.

Ce vers quoi elle est tendue depuis si longtemps, elle vient de l'obtenir. C'est la deuxième grande victoire de sa vie. Il y en aura d'autres. Mais, paradoxalement, obtenir ce dont on rêve est parfois une épreuve. Quelque chose vient de se relâcher en elle. Cela fait des années qu'elle chante de toute son âme pour conquérir un amour incertain. Ce qu'elle voulait entendre, elle vient de l'entendre. « Je t'aime comme je n'ai jamais aimé personne. Je veux vivre avec toi. » Pour cette phrase, elle a tout donné. Quelque chose en elle s'écroule. Il va lui falloir un autre challenge pour la relancer.

Ses chansons lui semblent maintenant fades et usées. Elle redoute même ce qu'elle appelle « la chanteuse automate », celle qui chante sans elle. Les titres que le public et elle-même apprécient le plus comme « The Power of Love », lui apparaissent parfois comme des « corvées terrifiantes ». Comment continuer à y croire encore et toujours après les avoir interprétées des centaines de fois ? Certes, le répertoire recèle des monceaux de chefs-d'œuvre dans lesquels elle peut piocher, mais ils ont déjà été entendus dans le monde entier. Elle doit les ré-habiter. Le coup de foudre des débuts ne dure pas éternellement. Le texte perd de sa fraîcheur, il peut soudain se mettre à sonner creux. C'est une coquille vide qui a perdu son poids, sa magie. Il faut se battre pour retrouver sa force. La vie du texte, sa propre vie.

Ce soir-là, au Forum, elle ne ressent aucun plaisir. Tout est désenchanté. Pire, René aussi semble abattu. Pour une fois, il ne débriefe pas le spectacle. Que se passe-t-il ? Il le sait. « C'est ma faute. Je t'ai trop fait courir », confesse-t-il. Il va lui falloir reprendre ses marques. Retrouver l'énergie. Actionner un nouveau levier d'envoûtement. Elle sort de scène accablée.

Mais le soir suivant, alors qu'elle craint le pire, lassée, vidée de son ardeur habituelle, c'est tout le contraire qui arrive. La jeune femme gâtée par le sort, qu'elle est, voit se présenter devant elle une authentique figure de douleur. Qui la déchire de haut en bas, la cingle comme un sévère rappel à l'ordre. Une heure avant le lever du rideau, sa nièce Karine est conduite dans sa loge. L'adolescente toute pâle est entre deux infirmières. Un médecin de l'hôpital Sainte-Justine l'accompagne. Elle est recroquevillée dans son fauteuil roulant et respire à l'aide de bonbonnes d'oxygène. Sur son visage, un pauvre sourire. Céline reçoit une décharge électrique. La petite malade a tenu à venir lui faire ses adieux. Céline est pétrifiée, les mots ne sortent plus de sa bouche. C'est Karine qui s'efforce de lui parler des chansons qu'elle adore, de ses tenues de scène qui la ravissent, de Hollywood, de Paris, de Tokyo, où elle n'ira jamais. C'était comment ? Et la princesse Diana avec qui elle a dîné quelques semaines plus tôt à Ottawa. Dis-moi, Céline, comment ça s'est passé ? As-tu parlé avec elle ?

Céline s'assied au calme, avec elle, dans un petit salon à l'écart. Elle est soudain labourée de honte devant tout ce qu'elle a déjà reçu, que cette petite n'aura jamais. Du coup, elle s'oublie et lui raconte tout ce qu'elle peut, les voyages, les galas, les musiciens, son amour qui s'est déclaré. Karine écoute, en ouvrant de grands yeux. « Je suis contente pour toi, Céline, tu le mérites », dit-elle. Céline retient ses larmes. Ce soir, elle doit vaincre la chanteuse automate qui rôde. Celle-là ne passera pas.

Karine est transportée dans une loge réservée à la famille et aux amis. Céline va chanter pour elle, gagnée par sa force, sa paix, son courage. Karine, tu ne mourras pas, je te garderai toujours avec moi, voudrait-elle crier à la foule. Elle s'implique de toute son âme, retrouve la vérité du texte de ses chansons.

Après le spectacle, Karine est tout de suite emmenée pour éviter la bousculade. Son médecin la juge trop faible pour subir une nouvelle fatigue. Céline ne l'a pas revue ce soir-là.

Elle part donner quelques concerts en Europe. Chaque après-midi, elle appelle Karine au téléphone et la sent de plus en plus faible. La jeune fille ne pose plus de questions et parle d'une petite voix lointaine.

À peine rentrée, Céline se précipite à son chevet, à l'hôpital Sainte-Justine. Sa maman, Liette, est à ses côtés, les yeux gonflés de larmes. La chambre est si calme ! Céline doucement s'assied sur le lit. Elles restent toutes les trois sans parler.

René arrive. Il se tient debout au pied du lit. Muet, impuissant, démuni. Karine respire avec beaucoup de difficulté. Pour lui éviter de souffrir, on lui a donné de la morphine. Céline lui demande ce qu'elle voudrait. Karine répond qu'elle aimerait avoir un pyjama neuf. C'est dimanche. Les magasins sont fermés. René s'arrange pour faire ouvrir une boutique de vêtements. Il s'en va seul, les larmes aux yeux, acheter le fameux pyjama. Incapable de choisir, il en prend deux, un rouge et blanc et un rose.

Céline et Liette savent bien qu'elles habillent Karine pour son dernier voyage. Elle a choisi le pyjama rouge et blanc. Elles le lui enfilent avec précaution. Comme une cérémonie. Céline la tient dans ses bras et chante tout bas, pendant que Liette coiffe les cheveux de son enfant victime. Karine, dans un souffle, énumère sans ordre les choses qu'elle a le plus aimées. Le pâté au saumon de Thérèse, ses chansons favorites, le fleuve de Repentigny, ses robes préférées. Comme si elle emportait avec elle tout ce qui l'avait rendue heureuse, délaissant le reste.

Passé minuit, elle rend son dernier soupir. Elle est âgée de seize ans. Céline, bouleversée, intègre ce jeune esprit dans son cœur. Il s'inscrit profondément en elle. Elle en garde la force et la lumière. La vie lui semble terriblement injuste, cruelle même. Quel est le rôle de cette jeune vie foudroyée ? Quel sens peut-on lui donner ? La mort est implacable. Mais un être lumineux a pris place dans sa vie. Le sacrifice permanent de cette vie défigurée sert-il à quelque chose ? L'amour lui-même n'a rien pu faire pour la sauver. Avant de chanter la très belle chanson que lui écrira Jean-Jacques Goldman, elle constate : « Ce serait trop beau, s'il suffisait d'aimer pour que tous les problèmes du monde se règlent, s'il suffisait d'aimer pour que ceux qu'on aime soient heureux. » On ne peut rester les bras ballants, il faut se battre. Karine s'est battue avec ses faibles moyens. Elle a rejoint les régions éthérées de l'invisible, débarrassée de la fatigue, de la souffrance, des traitements pénibles et inutiles. Les artistes sont là pour capter l'essence même de ces régions, leurs parfums, leur beauté, le langage inhumain qui est le leur. Celui qui nous déconcerte par son étrangeté. Que l'on doit faire silence pour entendre.

C'est ainsi que Jean-Jacques Goldman, ayant capté le chagrin de Céline, va lui écrire bientôt la chanson « Vole » :

Vole, vole, petite sœur,
Vole mon ange, ma douleur,
Quitte ton corps et nous laisse
Qu'enfin ta souffrance cesse…
Vole, vole, petite flamme
Vole mon ange, mon âme,
Quitte ta peau de misère,
Va retrouver la lumière.

Dans sa maison de Jupiter, Céline allume le soir des dizaines de petites bougies. En éteignant la dernière, elle pense à Karine. Petite flamme disparue si vite aux yeux des vivants, mais qui l'aide, l'inspire, la conduit dans l'obscurité lorsqu'elle lutte pour la beauté. La « chanteuse automate », celle qu'elle redoute de voir arriver lorsqu'une lassitude la prend, sera vaincue par ce supplément d'âme. Maintenant elle en est sûre.

En novembre 1993, on lance son troisième album en anglais, *The Colour of My Love.* Et le 8, devant le public déchaîné du Métropolis, à Montréal, et les caméras canadiennes, françaises et anglaises, elle annonce son prochain mariage avec René Angélil. Sur la pochette de l'album, elle a écrit *« René, you're the colour of my love* ». Suivi du sigle *LV* qui est un signe secret entre eux dont ils ne diront jamais la signification. Ce n'est pas *love and victory*, ce n'est pas Louis Vuitton, ou cinquante-cinq en chiffres romains, c'est un symbole qui leur appartient exclusivement.

Les gens aiment son histoire d'amour autant que ses rencontres avec le prince Charles ou Barbra Streisand. Ce qui les touche, c'est ce qui leur ressemble. Les jets, les palaces, les piscines, les dollars, ne les comblent pas si bien que lorsqu'on leur parle de l'amour, la mort, la souffrance ou le bonheur. Elle a embrassé René sur les lèvres à la fin du spectacle, et le public a lancé une ola enthousiaste. Lorsque les interviewers vedettes comme Johnny Carson ou Oprah Winfrey la reçoivent, elle ne parle plus de ses chansons, mais se montre intarissable sur cet amour enfin dévoilé. René et Céline ont acheté une grande maison et vivent désormais comme mari et femme.

Après la tournée de promotion en Amérique du Nord et avant d'arrêter la date du mariage, elle embarque avec René sur le train de folie d'un immense tourbillon. Elle donne un concert à Osaka avec l'Orchestre symphonique de Tokyo. Un autre sur la scène du MGM de Las Vegas, avec Michael Jackson. Elle chante dans le grand amphithéâtre du Midwest devant vingt mille spectateurs. Part en promotion à Londres. Tourne un clip à Prague. Enregistre de nouvelles chansons à New York. Fait un saut à Montréal. Passe trois jours à Paris. Puis rentre en faisant un bref détour par Tokyo…

C'est une ivresse, une excitation permanentes. Elle fait de courtes pauses en Floride où ils ont acheté une maison à Palm Beach avec un terrain de golf, la sage passion de René, pendant que Céline court les magasins avec ses amies et ses sœurs.

Le conte de fées

René pense qu'il suffit de trouver un prêtre qui les marierait dans une petite chapelle romantique. Mais alors, pas du tout ! Céline veut un mariage fabuleux. Inoubliable. Un mariage de princesse.

Il est timide, prudent, en ce qui concerne sa vie privée. Elle est extravertie, limite exhibitionniste, dans ce domaine. Elle veut un événement spectaculaire. Une proclamation d'amour et de fidélité. Elle a tant attendu.

Pourquoi pas une croisière dans les Caraïbes ? On embarque tout le monde sur un paquebot et on se marie au clair de lune. René hésite. On ne peut pas imposer plusieurs jours de noces à deux ou trois cents personnes. Comment ça, deux ou trois cents ? Cinq ou six cents minimum. Céline imagine les folies les plus coûteuses. Pourquoi ne pas louer une île et une escorte ininterrompue de hors-bord pour transporter les invités ? René rit de bon cœur, tout cela lui paraît hors de prix et irréalisable. Ce qui l'amuse le plus dans tout ça, c'est la démesure, le risque, la folie.

Il ne peut s'en défendre. Ont-ils les moyens de payer des noces aussi somptueuses ? Ils vendent des millions de disques, mais Céline s'embarque dans un projet qui semble devoir coûter très, très cher ! Avec son amie Coco, elles délirent en permanence, refaisant mille fois le film. René renonce à freiner leurs extravagances. Il arrivera toujours à trouver une solution pour payer la noce la plus folle. Il demande simplement que ce soit au Québec. Là où se trouvent leur famille, leurs racines, leur public le plus proche. Et comment ! Pas question de le faire ailleurs. Ce sera du jamais vu. Justement, René adore le « jamais vu ». Le truc qui « jette tout le monde par terre ». Tant qu'à flamber pour une noce de légende, allons-y à fond.

Céline et Coco appellent Mia tous les jours à Paris, s'envoient des faxes délirants, tout le printemps et tout l'été. À cause des concerts, la date du grand jour est reportée de mois en mois. Toutes les parcelles de temps, en studio, en avion, en silence, sont utilisées à l'étude de l'événement. Céline dessine des robes, écrit un véritable scénario, repense mille fois la cérémonie. Feuillette fébrilement les magazines de mode du monde entier. Elle a déjà en tête une garde-robe magnifique : robe du soir, robe de scène, robe de mariée, robe de cocktail, tenue de nuit. Et puis, dans la foulée, robe de cercueil, en dentelle blanche immaculée, pour le jour de sa mort et son entrée au paradis !

Perles, paillettes, broderies, voiles, traîne, diadème, vison blanc, tout y passe. Elle ne veut pas de ces robes trop modernes qui ne la font pas rêver. Des parures, de la soie, des fourrures comme les princesses d'antan. Elle trace des esquisses, envoie des coupures de journaux. Fait des séances d'essayage à New York, à Los Angeles, à Paris. Prend une idée par-ci, une idée par-là. Fait la tournée des grands bottiers, des corsetiers, des joailliers les plus fameux. Elle visionne des films. *Les Liaisons dangereuses* de Milos Forman, *The Age of Innocence* de Martin Scorsese. Les robes de Michele Pfeiffer et de Glenn Close s'approchent un peu de ce qu'elle veut mais ce n'est pas encore assez. Il lui faut plus de taffetas, de perles et de paillettes. Plus de folie et de jamais vu.

Lorsqu'elle annonce la date officielle de son mariage, le 17 décembre 1994, elle a une idée assez précise de ce que sera sa robe. Maintenant, il reste à trouver la troupe de petites mains capables de réaliser le monument en question en quelques semaines. C'est Pierre Lacroix, directeur du club de hockey d'Avalanche dans le Colorado, qui lui indique une couturière de Montréal faisant des merveilles, Mirella Gentile. Elle se rend chez la dame avec Mia et lui explique pendant des heures le modèle exact de *The Age of Innocence*, nom dont elle a baptisé sa robe. Céline lui montre tous les documents qu'elle a accumulés, les dessins qu'elle a faits, lui fait visionner les films.

Tandis qu'elle s'envole pour Paris où elle doit donner une série de concerts à l'Olympia, un mannequin aux mêmes mensurations qu'elle se tient au beau milieu de l'atelier, entourée d'un essaim d'ouvrières. Les boutons de nacre, les perles, les pierreries, les soieries, les dentelles, ont été choisis. Il n'y a plus qu'à exécuter le chef-d'œuvre.

Elle a rendez-vous avec le public parisien mais aussi avec Jean-Jacques Goldman. Celui qui a des millions de fans à travers le monde. Qui a écrit parmi les plus belles chansons du XXe siècle. Composé les plus sublimes mélodies. Deux êtres exceptionnels se sont reconnus. L'une, extravertie, l'autre, au contraire, jaloux des secrets de sa vie, qu'il n'exposera jamais. Il a scrupuleusement épluché, étudié, les documents relatant la biographie de Céline. Il sait tout d'elle. Il peut même retracer les principaux événements qu'elle a vécus, avec un humour qui la fait hurler de rire… ou pleurer d'émotion. La seule chose qu'il lui demande fermement c'est de gommer les fioritures, les tics de chanteuse « américaine » qui plaisent aux États-Unis, mais qui ne conviennent plus quand elle chante en français. Sa musique nécessite une voix plus sobre, plus posée. Il faudrait qu'elle ait le temps de corriger certaines mauvaises habitudes qui pourraient défigurer son interprétation. Avec la voix merveilleuse qui est la sienne, elle peut rester plus simple. *No problem !* Comme dit René : « *Don't mind*, Céline a compris, tu verras qu'elle le fera. »

Et elle l'a fait. Ses interprétations de « S'il suffisait d'aimer », de « Pour que tu m'aimes encore » ou « Je sais pas », sont des chefs-d'œuvre de pureté vocale. Cet entraînement de folie qu'elle s'est imposé porte ses fruits. Sa voix est ronde, souple, puissante. Lorsqu'elle parle de cette voix nouvelle qu'elle a polie, travaillée, fortifiée, Céline dit de façon pittoresque :

— J'étais sûre d'elle, ma compagne, ma sœur, ma meilleure amie, ma complice. Elle ne pouvait plus me trahir, comme elle l'avait déjà fait. Il m'arrivait de lui parler, de la remercier, de lui faire des compliments.

Quand Céline, serrée contre René, au studio d'enregistrement, a entendu pour la première fois les paroles de « Pour que tu m'aimes encore », que Goldman leur chantait au piano, elle s'est écroulée en larmes, d'émotion. Il a été touché et troublé par cette réaction. Il avait écrit dans ce texte :

J'irai chercher ton âme dans le froid dans les flammes
Je te jetterai des sorts pour que tu m'aimes encore...
Fallait pas commencer, m'attirer, me toucher
Fallait pas tant donner moi je sais pas jouer

Voilà que les amants entendaient en direct leur histoire d'amour, transposée dans les mots et les notes, avec un talent fou, par le magicien de la chanson française. C'était un moment privilégié qu'ils n'oublieraient jamais.

Elle n'a que deux semaines pour graver tout l'album. Entre-temps, elle doit enregistrer à Washington une émission spéciale en l'honneur de Bill et Hillary Clinton, « A Gala for a President ». Elle a aussi un dernier spectacle prévu au Forum de Montréal, dix jours de promo au Japon, une soirée au « Tonight Show ». Sans compter les essayages de *The Age of Innocence* qui commence à prendre l'allure d'une robe de couronnement !

C'est seulement après son tour de chant à l'Olympia que Goldman lui a fait parvenir la chanson « Vole ». Elle parle de la mort de Karine et il n'a pas voulu la lui donner avant, pour ne pas la bouleverser. Cet album intitulé *D'eux* reste peut-être le plus beau de tous. En tout cas celui qui lui a permis de chanter les joies et les souffrances de sa vie, de cette voix purifiée. Son « Hymne à l'amour » à elle. Il fera le tour du monde, en français, et soulèvera l'émotion des foules. Il devient un des disques les plus vendus au monde : toutes éditions confondues, huit millions d'exemplaires. C'est leur album fétiche, « celui que nous gardions pour nous, a-t-elle dit. Nous l'écoutions à la maison ou dans la voiture de René, seuls, en égoïstes, comme un trésor unique. Il était en nous, dans nos cœurs, on sentait ses vibrations, il nous rendait heureux ». Car il ne doit pas sortir tout de suite, l'exploitation des précédents n'étant pas terminée.

Puis la date du mariage arrive enfin. La veille, Céline se fait dorloter avec sa mère et ses huit sœurs – ses demoiselles d'honneur –, dans un institut de beauté. Avec un petit passage auparavant chez les dames carmélites, histoire de se rassembler un peu en prévision du grand jour. Le jour des noces, il neige sur Montréal. Elle se lève à l'aube, incapable de dormir plus longtemps. Elle se maquille elle-même, mais pour l'habiller et la coiffer, une nuée de petites ouvrières s'affairent autour d'elle. Le coiffeur en titre se bat pour édifier un chignon capable de supporter le poids de la tiare. Car tiare il y a. Truffée de perles. Tout le monde s'affole. C'est trop lourd. Elle va succomber sous le poids. Mais ce n'est pas le moment de la contredire. « Je m'en fous ! s'écrie-t-elle. Même si tu devais me rentrer des épingles dans le crâne, je veux porter cette tiare. J'assume. » Voilà Céline. Capable de s'imposer ce qui semble les pires folies apparemment, pour vivre au-dessus du commun. Elle se juche sur les talons vertigineux dont elle a pris l'habitude, depuis qu'elle volait ceux de ses sœurs à Charlemagne. Sa mère n'a qu'un mot : « Ne viens pas te plaindre. » Non, elle ne se plaindra pas. Affublée d'une tiare de tsarine, d'une robe de rêve incrustée de perles, de strass et de paillettes en camaïeu de blanc, beige, ivoire, une longue traîne de tulle et volants de soie à sa suite, un petit boléro de vison blanc sur les épaules, elle entre de plain-pied dans son rêve.

La fête répond à toutes ses espérances. Du « jamais vu » au Québec. Élégance, romantisme, décors somptueux. Les gens sont accourus par milliers le long du convoi de limousines parti de l'hôtel jusqu'à l'église Notre-Dame. René, tout de blanc vêtu, accompagné de ses garçons d'honneur, l'attend au bout de ce long tapis bleu marqué de leurs initiales entrelacées. Ses huit sœurs portent sa traîne. Elle arrive au bras de son père, pénétrée par la dignité de l'instant. Elle s'engage pour la vie et a tout fait pour que cela se sache.

De retour à l'hôtel, les invités sont accueillis par une pluie de fleurs blanches. Un vol de colombes s'échappe de grandes cages dorées. On traverse un salon à l'orientale, un bistrot parisien, un bar à sushis, un saloon de western, un comptoir à tapas, il y en a pour les goûts du monde entier. Le champagne coule à flots. On marche sur des milliers de roses, de lys, de pivoines. Partout des magiciens, des musiciens animent les lieux. Un orchestre de rock par ici, un quatuor à cordes, par là. Et puis une salle de casino bien sûr avec tables de black-jack et roulette. Un service du tonnerre aux petits soins pour tout le monde. Cinq ou six cents personnes en tenue de fête. Des caméras, des photographes, des journalistes. Dans la grande salle du banquet tendue d'un ciel étoilé, les plus proches, une centaine de personnes, se sont attablés pour un festin inoubliable.

Au Québec, on parle beaucoup de cet événement. En bien ou en mal. Certains esprits chagrins lui reprochent d'avoir fait de ce mariage une opération de communication. D'avoir voulu étaler sa richesse. Mais elle est considérée comme l'enfant privilégiée du pays. Elle appartient à ce pays qui voit sa réussite comme une vitrine de ce qu'il peut produire de meilleur. Elle répond aux détracteurs : « J'étais une petite fille de Charlemagne que deux grandes canines empêchaient de sourire. Je suis allée loin et haut, portée par ma voix, par l'amour de ma famille, de René, du public québécois. Le montrer, le faire partager, ce n'est pas du marketing, c'est le signe de ma reconnaissance. »

Si elle avait voulu se marier en catimini, les photographes se seraient donné un mal fou pour voler des clichés secrets. Si elle avait fait un mariage modeste, rien ni personne ne s'en serait senti plus riche ou plus favorisé. Elle a voulu une grande fête dont elle serait la reine, mais déjà le public du monde entier l'avait acclamée comme une star sortant de l'ordinaire.

Il est question d'un voyage de noces de deux ou trois mois. Mais lui est-il possible de rester sans rien faire ? D'oublier le stress et l'excitation qui lui sont devenus indispensables ? La tentation d'aller reprendre un peu de cette drogue dure qu'est la ferveur du public va sans doute se présenter. Comment la repousser ? À peine un mois plus tard, elle est à

Londres pour la promotion de l'album *The Colour of My Love.* C'est Paul Burger, maintenant responsable de Sony UK, qui lui a décroché un passage dans la plus grande émission de variétés londonienne, « Top of the Pops ». L'album, qui fait un malheur jusqu'en Corée et au Japon, ne décolle pas en Angleterre.

René a suggéré qu'il n'était peut-être pas nécessaire d'interrompre si vite leurs vacances à Palm Beach. Comment cela « pas nécessaire » ? Céline a bondi dans l'avion avant que René ait pu l'en empêcher. Il semble qu'elle a pris le relais. Une ambition nouvelle l'aiguillonne. Elle a contracté le virus du « plus haut, plus loin » que lui a inculqué René, pendant toutes ces années où il ne se montrait jamais totalement satisfait de ses performances. Même si elles étaient de plus en plus extraordinaires. D'ailleurs, dès que Céline s'arrête, elle somatise son angoisse à travers un rhume, une bronchite, un tour de reins.

Ils ont « tenté », six mois plus tard, de partir en voyage de noces aux îles Fidji, après une tournée épuisante en Australie, mais le résultat est catastrophique. Dans ce décor de paradis, Céline n'a pour seule activité que d'éternuer, se moucher, tousser, chercher son souffle, se racler la gorge nerveusement. Elle n'a pas l'âge des vieux couples en vacances et n'est d'ailleurs pas près de l'avoir ! Sa famille lui manque, les studios lui manquent, la musique, le public lui manquent.

Il lui suffit de se retrouver dans une immense foire populaire, à Calgary, où tout est poussiéreux, grinçant, excitant, vivant en un mot, et, comme par magie, envolés les rhumes et les douleurs imaginaires. Là elle fait la rencontre d'un nouvel orchestre avec lequel le courant passe immédiatement. Dès les premières répétitions, le bonheur de la musique l'envahit à nouveau. David Foster, qui est présent, leur suggère de faire un remake de « All by Myself », à Los Angeles, la semaine suivante.

Il propose surtout à Céline de trouver le moyen de lancer un *fa* de légende qui se situe à la limite de sa tessiture ! Il a, pour cela, relevé l'orchestration de la chanson sur une gamme plus haute. Céline a le trac. Elle a peur de se casser la voix. Elle se dispute avec René, puis avec David, excédée qu'on lui demande de faire quelque chose qui mette sa voix en danger. René s'enferme dans un long silence et laisse tomber la chicane. Céline boude et s'en va seule au studio de très mauvaise humeur. En arrivant, elle entend, stupéfaite, David lui dire, malin :

— Ne t'en fais pas avec cette histoire de *fa*. Si tu n'y arrives pas, je pourrai toujours demander à Whitney de le faire. » (Whitney Houston enregistrait dans le studio d'à côté.)

— Vous dites ? Comment ? Whitney ? Vous voulez rire ?

— Je sais, ajoute David, qu'elle est capable de monter jusqu'au *fa* et de le tenir le temps qu'il faudra.

René a bien travaillé. Il semble évident que c'est lui qui a monté ce petit stratagème pour décider Céline à attraper la note désirée. Elle n'a pas dit un mot, elle est entrée dans le studio, a chanté « All By Myself » (titre prédestiné) de toutes ses forces, et lorsqu'elle a dû grimper jusqu'au fameux *fa*, elle a poussé sa voix au maximum, jusqu'à la douleur, a tenu la note, longtemps, sans défaillir. Les musiciens de l'autre côté de la baie vitrée se sont levés pour l'applaudir, soufflés d'admiration. Ils ne seront pas les seuls…

Lorsqu'elle la lance, cette fameuse note, sur les scènes du monde entier, un frisson parcourt le public, les larmes perlent aux yeux, les gorges se serrent, les cheveux se dressent, elle vient de donner son âme, de jeter le cri qui tue, celui venu de sa peine, de son amour, de son délire ; elle vient d'aller plus loin que le possible attendu, d'atteindre l'étoile accrochée « plus haut ».

Ce jour-là, elle a quitté le studio sans saluer personne. Elle n'a pas demandé s'il fallait faire une autre prise. Elle savait qu'elle avait réussi un coup parfait, ce qu'au golf on nomme un *eagle*.

En arrivant à l'hôtel, elle a trouvé René déjà au courant de son exploit. Elle s'est jetée dans ses bras. Elle lui a dit qu'il avait eu raison. Qu'elle avait été transportée elle-même par l'envolée de sa voix, et qu'elle la retrouverait encore et encore, cette note inaccessible qui l'avait enivrée.

René venait de hisser d'un cran supplémentaire son exigence. Au point que c'est elle, maintenant, qui n'est jamais satisfaite des enregistrements. Elle commence à proposer d'autres arrangements musicaux. Dans sa surprise, René est enchanté. Il la serre dans ses bras et l'encourage chaleureusement à oser dire ce qu'elle souhaite. Elle le repousse ce jour-là, sans ménagement, car elle vient de se faire les ongles ! Mais ce n'est pas tombé dans l'oreille d'un sourd. On refait, sur ses indications, l'orchestration de « Falling Into You », et tout le monde trouve que c'est bien meilleur. Elle se sent très fière de cette nouvelle reconnaissance.

À partir de cette chanson, David, René, les gens de Sony, vont être très attentifs à ses suggestions ou à ses remarques. Elle va peu à peu prendre une part de plus en plus importante dans les décisions artistiques. Elle acquiert une maturité et une autonomie qui lui faisaient défaut jusqu'alors, mais qui exigent encore davantage de son énergie.

Partout en Europe, ses disques se disputent les premières places des hit-parades. Les tournées sont triomphales. Les albums se vendent par millions. Elle entre au pays de la vie facile où tout devient possible. Lorsqu'une journaliste, un jour, lui demande quel genre de robes elle préfère, elle répond du tac au tac : « Les chères ! » C'est une boutade, mais elle n'a pas honte d'aimer ce qu'il y a de plus beau, ce qui a demandé le travail et le talent de dizaines de personnes, parfois plus. Ce qui a été fait avec précision, amour, ayant demandé des matériaux nobles, riches, chers. Pourquoi se cacher de les aimer follement ?

Elle n'oublie pas ceux qui sont dans la peine, comme l'Association qui récolte des fonds pour la lutte contre la mucoviscidose, ou les fondations pour les enfants orphelins d'Afrique, qu'elle a visitées. Mais réaliser ses rêves n'empêchera jamais la misère d'exister. Si des millions de gens ont été heureux d'acheter ses albums, fatalement le travail, les forces, qu'elle leur a consacrés, vont lui revenir sous forme de dollars. Aucun scandale là-dedans.

D'ailleurs, il lui faut sans cesse un nouveau projet pour activer sa machine. Elle a trouvé ! La maison de Palm Beach ne lui suffit plus, elle en veut une autre. La maison du bonheur, a-t-elle dit. René fronce le nez. Quel besoin d'un souci en plus ? Elle a déjà si peu de temps libre. C'est trop tard, l'idée a pris possession de son esprit, elle ne peut plus s'en défaire. Le projet prend chaque jour un peu plus de place. Elle y pense sans cesse. Pendant sa tournée européenne, elle recommence à découper des photos dans les magazines. Tout lui est bon pour embellir son projet. Elle note les éléments de décoration dans les grands hôtels où elle passe. Les meubles, les portes, les serrures, les moulures, les parures, les fenêtres, la cristallerie. Elle veut que ce soit un lieu de rêve pour René. Dans le genre du Caesar's Palace de Las Vegas où il a passé tant de temps. Elle entasse les documents dans des dossiers et des cartons qu'elle emporte partout avec elle. Ça regorge de robinetteries, de tuiles, de faïences, de tentures, de couvre-lits, de lustres et lampes diverses. C'est un nouveau but qu'elle donne à sa vie, le palais où elle placera son dernier rêve : un enfant, des enfants. Une passion dévorante. Elle y pense jour et nuit.

La rançon du succès

À Paris, elle prépare l'enregistrement d'un spectacle, retransmis à la télévision, au Zénith, salle qu'elle affectionne particulièrement. Et soudain, pendant la répétition, sans aucune alerte préalable, aucune douleur, sa voix se plante. Le vide total. L'air sec et pollué lui a été fatal tandis qu'elle courait les magasins de décoration ou de mode des après-midi entiers. Elle a pris ce risque et le paye. C'est sa faute, elle le sait. Elle n'aurait pas dû s'offrir ce luxe-là. Elle le vit comme un sévère rappel à l'ordre.

Néanmoins, personne ne panique. Elle se cloître et retrouve « miraculeusement » sa voix pour le show prévu. Elle respire, mais comprend qu'il va lui falloir vivre plus sagement, souvent seule, passer moins de temps avec les musiciens et encore moins dans les boutiques, où elle traînerait volontiers la moitié de sa vie. Ça ne la gêne pas, elle a « son amour, son projet de maison et la musique ».

Elle chante dans des stades de plus en plus vastes. Vingt mille, quarante mille, soixante mille spectateurs, aux États-Unis, en Australie. Aux Oscars, aux Grammys, aux Victoires, aux World Music Awards. Elle enchaîne les clips, les émissions spéciales, la promo, les interviews. Chante pour le sultan de Brunei ou pour son association contre la mucoviscidose. Elle supporte ce rythme effréné jusqu'aux Jeux d'Atlanta où elle doit se produire dans un stade gigantesque, contenant quatre-vingt-cinq mille personnes ; face aux centaines de caméras des télévisions du monde entier. On parle de trois ou quatre milliards de téléspectateurs sur la planète. La moitié de l'humanité. Sa mère, terrifiée pour elle, n'est pas venue. Elle préfère la regarder sur son poste. René prétend que Céline est en pleine forme.

Lorsqu'elle a commencé à chanter, elle a oublié le trac, s'est sentie légère, en apesanteur. Puis elle a vécu dans ce nuage pendant plusieurs jours. Mais la dimension folle de l'expérience a comme dévoré quelque chose en elle. Peu à peu, un malaise obscur ne la quitte plus. Elle n'ose pas en parler, pensant que cela va passer. Elle chante au Caesar's Palace au profit des sinistrés du fleuve Saguenay. Les rivières et les lacs ont débordé, les barrages ont cédé, les ponts, les routes, les maisons, sont inondés et détruits. Elle a préparé un texte de compassion pour tous ceux qui souffrent de ce cataclysme. Mais une main de fer lui serre le cœur, elle ne peut plus parler. Le malaise qui l'assaille en général la nuit vient de la saisir sur scène.

Elle a constamment des vertiges horribles. Elle n'a plus faim. Ne réussit plus à avaler que quelques biscuits et de l'eau sucrée. Presque chaque nuit elle rêve qu'une pomme froide et dure lui obstrue la gorge et l'empêche de respirer. Elle se réveille épouvantée, comme si elle échappait de peu à la mort. Elle n'a plus la force d'assurer le spectacle qu'elle doit donner à San Francisco.

Suzanne et Manon appellent René en train de suivre un régime alimentaire dans une clinique de l'Arizona. Il annule les spectacles prévus sur la côte Ouest. Céline est hospitalisée. Le diagnostic est clair. Elle souffre de stress et de surmenage. Elle n'était plus qu'une voix. Mais le vase contenant cette voix venait de se briser. Il fallait le réparer. Pour cela, une seule personne au monde : maman.

Thérèse la retrouve en Floride, pas impressionnée pour un sou, mais d'une volonté d'acier. Pendant un mois, elle va veiller sur son petit comme un animal farouche. Que personne ne dérange son sommeil douze à quinze heures par jour. Que personne ne lui parle de travail, pas même René. Pas question de tournée interrompue, de promo, ni d'albums en préparation. Rien. Maman la borde tous les soirs comme le bébé qu'elle aurait voulu ne jamais voir s'éloigner. Elle se promène avec elle l'après-midi après la sieste, lui prépare des fruits et légumes frais. Lui réapprend la nourriture saine. Céline prend un bain d'enfance. Thérèse lui raconte la sienne à elle et celle de sa fille. Du temps de son âge le plus tendre dont elle ne peut pas se souvenir. Elle lui redit la colère qu'elle a faite à son père lorsqu'elle a su qu'elle était enceinte de ce quatorzième enfant. Puis comment elle a fondu quand on lui a mis le bébé dans les bras.

Mais ce qui la requinque vraiment, ce qui restaure toute sa mâture interne délabrée par le stress, c'est lorsque sa mère lui raconte son enfance à elle. Le père, grand-père de Céline, avait reçu en partage du gouvernement une terre dite de colonisation, « à une grosse journée de marche de la mer ». Avec ses fils il avait ouvert un chemin, bâti une maison en rondins de bois, une étable, un hangar. Aux premières neiges, il était venu chercher le reste de la famille. Sur une voiture à cheval, il avait installé tout un barda, des meubles, des tonneaux de poissons séchés, du lard salé, de la mélasse, de la farine et du thé. Et puis six poules en cage. La vache suivait. Thérèse avait cinq ans, elle était assise sur les fourrures d'hiver avec ses trois sœurs Jeanne, Annette et Jacqueline. Le plus beau voyage de sa vie. Là-bas, ils faisaient tous de la musique le soir. Elle avait eu son premier violon à sept ans. Avait joué et chanté toute sa vie.

Céline est loin des stades bondés de spectateurs qui sont venus en toute innocence dévorer son âme.

Loin des sunlights des studios qui éclairent sans gêne tous les recoins de son cœur. Loin des questions incessantes qui labourent toujours au même endroit, le plus sensible, celui que l'artiste voudrait soustraire à leur pilonnage obstiné. Elle est retournée en Gaspésie, au petit village de pêcheurs où sa mère vit le jour le 20 mars 1927. Un pan oublié de son être se déplie lentement, respire à nouveau, s'épanouit même dans le langage heurté de là-bas qui la berce. Une petite fille de Charlemagne avait été propulsée dans le vaste monde, encore peu armée, croyant pouvoir affronter les ogres du show-biz. Elle avait failli se briser mais la terre nourricière, réapparue par la voix de sa mère, l'a ressuscitée.

Elle part pour l'Europe. Plus solide. Le mal s'éloigne peu à peu. Il ne reste plus qu'un petit pincement au cœur qui subsiste en dehors de la scène. Elle mange correctement et ne ressent plus ce poids noir qui dévorait ses forces. Et puis, ce petit point qui subsistait s'en va lui aussi. Il ne reste rien. Elle est guérie. Elle mange, dort et chante comme avant. Pour éprouver à fond sa guérison, ou pour la fêter dignement, elle s'offre une soirée d'enfer à Stockholm, avec les musiciens, mange des plats épicés, boit téquila sur téquila, danse à en perdre la tête. Le lendemain, rien. Pas le moindre mal de tête, ni de cœur. Elle est guérie. La tournée se poursuit à un train d'enfer, Europe, Amérique, Australie, Japon, Corée.

Pour revenir en Europe, à nouveau, faire la tournée des grands stades.

S'il n'a pas suivi les précédentes expéditions, celle-là, René va y prendre part. C'est l'épopée d'une centaine de nomades, électriciens, musiciens, maquilleurs, techniciens, costumières, couturières, gardes du corps, et tous les métiers concernés par une tournée musicale. Le bonheur est à son comble. Tout se passe bien. Les stades sont remplis d'une foule chaleureuse, belle, heureuse. Le rêve est enfin devenu plus rapide, plus fou que tout ce que Céline avait imaginé. C'est lui qui maintenant les emporte. Il semble qu'il ne reste plus que le plaisir qu'il y a à donner de la joie. Céline aime faire le clown, elle ne s'en prive pas et organise de véritables crises de fou rire avec ses sœurs Linda, Ghislaine, Claudette ou Manon.

Quant à René, pour les festins dont il a le secret, il loue un chalet à Zurich, une péniche sur la Seine, dans le port d'Amsterdam ou sur la baie de Hong Kong. Son fils aîné Patrick qui travaille comme assistant de production, sa fille chérie, Anne-Marie, et leur frère Jean-Pierre, font souvent partie des tournées. C'est l'occasion de retrouver leur père et de se rassembler pour un moment. Dans la journée, René fait ramasser les menus des meilleurs restaurants de la ville où ils se trouvent, chinois, japonais, italien, français, libanais, marocain, thaï. Il les lit attentivement comme d'autres lisent un roman puis, une fois son choix fait, il s'occupe lui-même des réservations et du menu.

La gastronomie est sa passion. Il demande à ce que tous les plats soient servis sur la table en même temps. Tradition de son pays, le Liban. « Il aime manger. De tout. Beaucoup trop », dit Céline. Elle a beau le surveiller depuis son attaque cardiaque de Los Angeles, il recherche toujours la compagnie des joueurs et des gros mangeurs. Avec tous les risques que cela comporte.

Il s'est tout de suite très bien entendu avec l'énorme – dans tous les sens du terme – Luciano Pavarotti. Céline a enregistré un duo avec lui, frôlant ce qu'elle ne dira jamais autrement que dans une chanson « I Love You, Then I Hate You ». L'amour et la haine sont immanquablement les deux faces d'une même passion. C'est le mouvement attirance-rejet qui existe envers l'autre. Mais Luciano et René sont là pour célébrer la bonne bouffe.

Le chanteur d'opéra, célèbre dans le monde entier, les a invités à dîner dans son appartement new-yorkais. Antipasti, pâtes fraîches, osso buco, il a tout préparé lui-même. Une véritable joute de nourriture s'installe entre René et lui. Attentifs à chaque délice, chaque saveur célébrée. Pavarotti ne se déplace jamais sans sa propre huile d'olive, ses fromages, ses vins, lorsqu'il chante dans les pays lointains. Que ce soit à New York, à Rome ou à Shanghai, il fait son marché lui-même, choisit les produits avec soin. René est en admiration. Il n'oubliera jamais le festin de ce soir-là. Pavarotti a marqué un profond étonnement lorsque René lui a dit qu'il ne buvait que du Coca light. Comme on lui a recommandé de boire un verre de vin de temps en temps, il se force à en avaler un, sans respirer, comme une potion désagréable. Sa boisson préférée reste le Coca light gorgé de glaçons quel que soit le pays où ils se trouvent. Quand il dépasse la limite de poids, il part faire un régime dans une clinique diététique avec des copains. Ils se soutiennent les uns les autres. Ils mangent du poisson poché, assistent à des conférences d'autopersuasion, font des marches dans le désert, apprennent à écouter leur corps. René plaisante. « J'ai décidé de laisser mon corps traiter tout seul le dossier. » Et il se remet très vite à engloutir les calories. Céline n'a aucune intention de priver son homme de quoi que ce soit. Elle le trouve beau comme il est, mais s'inquiète parfois. Qu'il mange ou qu'il joue au black-jack, à sa guise, il connaît les soucis qui l'occupent, le concernant.

Quant à elle, on l'a souvent taxée d'anorexie. Les médias l'ont décrite comme une femme maniacodépressive, psychotique, se nourrissant de feuilles sèches ! Non, vraiment pas. Elle parle de son corps comme d'une bonne bête, souple, musclée, solide, en bonne santé. Elle n'aurait jamais pu donner jusqu'à cent cinquante shows par an si elle n'avait pas une hygiène alimentaire et de vie très saine.

Son projet de maison l'envahit chaque jour davantage. Elle découpe les articles des magazines d'architecture et les envoie annotés à Johanne Dastous, sa conseillère en décoration. Ce fauteuil, mais pas ces accoudoirs en tête de lion. Ces statues de jardin, mais sans l'air abruti qu'elles portent sur le visage. Johanne fait une razzia chez les antiquaires, et Céline se passionne pour les meubles, de style ou d'époque, pour les signatures des grands ébénistes. Elle apprend à distinguer le vrai du faux, la valeur des bois précieux, des matériaux nobles, de la marqueterie. Elle aime les décors romantiques, lourds, chargés, moelleux, le rococo. Ambiances douillettes et couleurs chaudes. Puis elle changera par la suite. Aimera un décor très dépouillé, moderne, sans doute très beau, mais qui ne lui semble pas assez confortable à vivre à ce moment de sa vie où elle a besoin de la chaleur d'un nid.

Elle se renseigne sur tout ce qu'elle voit, bibelots, tableaux, meubles, pose des questions. Les gens ne savent pas dans quel décor ils vivent et sont souvent incapables de lui répondre. On leur a concocté des maisons qui leur ont coûté des fortunes et imposé un lieu de vie qu'ils n'ont fait que payer. Elle achète avec René qui n'est toujours pas convaincu – mais ce que femme veut, Dieu le veut – un terrain à Jupiter, au nord de Palm Beach, le long d'un canal donnant sur la mer. Johanne a formé une équipe d'architectes et d'artisans. Le travail de Céline est terminé. Pour se rapprocher de René, elle se met au golf. Mais, « à la Céline ». C'est-à-dire qu'il pleuve, qu'il vente ou qu'il fasse beau. Plusieurs heures par jour. René n'en revient pas. Cela fait des années qu'il essaye de la convertir à ce sport. Il a plaidé comme un fou. C'est un sport propre. « Tu as tout ce qu'il faut pour le pratiquer. Un grand pouvoir de concentration, de la discipline. Tu y trouveras tout ce que tu aimes, du soleil, de l'eau, des jardins, la nature. »

Avant même de tenir un club en main, elle est marquée par l'esprit du golf. Elle réalise à quel point ce sport va marquer sa vie. C'est une recherche de perfection, d'équilibre, un retour sur soi. Elle y trouve un ordre, des rituels très forts, qui se rapprochent de l'exercice du zen. Il faut canaliser ses émotions, ses gestes, sa force. Composer avec les éléments, le vent, la lumière, le terrain. « Frapper une petite balle blanche, dit-elle, c'est comme lancer une note unique dans le grand espace d'un stade. » Elle détestait les matins, elle se met à aimer la rosée, le chant des oiseaux, l'odeur vierge de l'herbe mouillée.

Mais elle aime toujours aussi passionnément l'atmosphère des studios. Elle y fait des rencontres exceptionnelles. Carole King lui donne une chanson. Sir George Martin, l'arrangeur des Beatles, réalise « The Reason ». Les Bee Gees enregistrent avec elle

« Immortality ». Elle chante en duo avec Luciano Pavarotti. Et puis, et puis, elle va réaliser un grand rêve datant de son enfance, rencontrer la seule vraie idole de la chanson qui l'a marquée à jamais : Barbra Streisand.

Les étoiles

L'année précédente, lors du gala des Oscars, elle a chanté « I Finally Found Someone », la chanson du film produit et réalisé par Barbra Streisand elle-même, *Le Miroir à deux faces.* C'était du fait de la défection de Natalie Cole. Car elle devait déjà interpréter « Because You Loved Me » tirée du film *Up Close and Personal.* Jamais, dans l'histoire des Oscars, une même artiste n'avait chanté deux fois dans la soirée. René jubilait, c'était du « jamais vu ». Rien de plus excitant à ses yeux que de faire, dans le show-business, quelque chose que personne d'autre n'avait encore fait !

Ils vivaient depuis des mois sur un rythme infernal. Tournées, galas, shows télévisés, concerts monstres en Europe, en Amérique, en Asie. Que demander de plus ? Alors chanter deux fois aux Oscars, devant Barbra Streisand en personne, c'était un nouveau challenge très stimulant.

Céline va chercher le meilleur d'elle-même. Ce qui n'est pas peu dire. Mais au moment de sa chanson, Barbra Streisand vient de quitter la salle, pendant la pause publicitaire. Quand elle a voulu regagner sa place, les portes étaient verrouillées. Interdit de circuler pendant la cérémonie. René est aux cent coups. Céline est déçue, mais pas au point de lui gâcher le plaisir du défi relevé.

Deux jours plus tard, au Carlton de San Francisco où elle réside, elle reçoit un énorme bouquet de fleurs, avec un mot de la main de Barbra Streisand. Elle a visionné l'enregistrement. Céline a chanté magnifiquement, dit-elle. Elle est une chanteuse incroyable. Barbra regrette infiniment de ne pas avoir été dans la salle. Elle espère un jour chanter en duo avec elle. René est déjà reparti en plein désert dans sa clinique de l'Arizona. Céline le rejoint et lui remet la lettre qu'elle vient de recevoir. Il la range précieusement dans son portefeuille, comme un talisman et, chaque fois qu'il en a l'occasion, il la montre aux journalistes ou à ses amis. Pas seulement. Il joint l'agent de la star et demande à David Foster d'écrire une chanson que Céline et Barbra pourraient enregistrer en duo. Il est tout excité car il a conservé, à travers toutes les péripéties de sa vie, la faculté d'admirer le talent. David compose la mélodie de « Tell Him ».

Barbra chante sa partie à Los Angeles, au Record Plant, et Céline, la sienne, au Hit Factory de New York. Puis les techniciens et les arrangeurs mixent les deux voix sur la musique. Un soir ils écoutent le résultat. Et le font écouter à Barbra, là-bas. La chanson terminée, tout le monde se regarde en silence, attendant sa réaction. Au bout d'une éternité, le téléphone sonne. David décroche. C'est pour Céline. À l'autre bout du continent, Barbra parle. « Tu fais des choses merveilleuses avec ta voix. Comment fais-tu pour te mêler si bien à la musique et à ma voix ? » Céline ne lui dit pas – elle est d'ailleurs trop émue – qu'elle a chanté des centaines de fois avec elle, devant le grand miroir de sa chambre, rue Notre-Dame, à Charlemagne. Elle a seulement répondu qu'elle travaillait beaucoup et qu'elle s'entraînait comme une athlète.

— Il faudra que tu m'apprennes, répond-elle.

— Que je vous apprenne quoi ?

— À avoir cette discipline.

— Mais vous n'avez rien à apprendre de moi. Vous êtes la plus grande chanteuse au monde.

— On a tous à apprendre les uns des autres. Mais toi, tu apprends plus vite que nous tous, parce que tu as une voix fantastique et une très grande âme.

Céline a senti les larmes d'émotion lui serrer la gorge. Elle ne pouvait plus parler. Derrière tout son travail, il y avait aussi de grands chagrins qu'elle avait dû avaler. Conquérir René, s'éloigner de ses racines, perdre sa jeune nièce, Karine, perdre aussi sa voix, encaisser les quolibets des jaloux, garder de longues plages de silence pénibles. Et puis il y a eu aussi de grands bonheurs, son mariage, sa réussite extravagante, la maison fabuleuse qui se construisait. Elle se sent incapable de lui dire – pourtant elle le voudrait – à quel point Barbra a été importante dans sa vie. Quelle émotion inexprimable ce fut pour elle d'unir sa voix à la sienne. Qu'elle est depuis toujours son modèle. René a pris le téléphone.

— Vous avez toujours été pour Céline une idole. Elle est très heureuse et très impressionnée, vous savez.

— Je comprends, a répondu Barbra, j'ai ressenti la même chose la première fois que j'ai chanté avec Judy Garland.

Puis elle redemande à parler à Céline.

— Je voudrais te connaître mieux. Je suis sûre qu'on a plein de choses à se dire. Viendrais-tu me voir à Malibu, dès que tu pourras ? Demain, si tu veux.

Mais le lendemain Céline répète « I Love You, Then I Hate You » avec Luciano Pavarotti. Elle propose le surlendemain.

— Mardi si vous pouvez.

— Mardi, ça ira, acquiesce Barbra Streisand, je te montrerai mon jardin de roses. On ira marcher sur la plage.

Céline a vécu un grand moment d'émotion en allant déjeuner avec son idole. Elles ont fait des photos superbes ensemble. Leurs visages sont marqués d'une joie paisible et de la satisfaction intime de s'être retrouvées après tant d'années, comme des amies de toujours. Mais faut-il approcher ses idoles ? Elles ne peuvent être à la hauteur des rêves qu'elles suscitent. Leur aura est si fragile, vue de près. Céline sait cela, au moment où tout lui sourit de façon presque inquiétante. De quelque côté qu'elle se tourne ce n'est que triomphe, beauté, lumière, réussite. On serait tenté de dire jusqu'à plus soif. Peut-on rester en équilibre au sommet du bonheur ? La question l'effraye. Mais le succès l'appelle.

Elle doit enregistrer avec Pavarotti. C'est une personnalité imposante. À la recherche de la perfection. Il apprécie en connaisseur la voix de Céline. Comme tout le monde, elle l'émeut. Il perçoit le profond travail qu'elle a fait sur elle-même. Ils font de longs essais pour trouver la tessiture qui leur conviendra. Ils chantent d'abord chacun à leur tour. Mais que ce soit lui qui chante sur la voix de Céline ou Céline sur la sienne, le résultat ne les satisfait ni l'un ni l'autre. De son côté, elle souhaite sans le dire qu'ils chantent « I Love You, Then I Hate You » ensemble. Le chanter séparément n'a aucun sens. Alors il lui a pris la main, ils sont entrés dans le studio d'enregistrement, et ils ont chanté les yeux dans les yeux, sans se troubler. C'était très intime mais c'était vrai. Céline, enthousiaste, a déclaré : « Chanter en duo c'est très intime, c'est un jeu très grave. J'adore ça ! » René ne pouvait pas être jaloux, il est l'homme de sa vie. Elle a même appris le golf pour être sur le green avec lui un jour sur deux. Enfin, quand ils ne sont pas au bout du monde.

Puis le compositeur James Horner vient les voir à Las Vegas pour leur proposer un projet grandiose, dit-il. Il est en train d'écrire la musique du film *Titanic* que tourne James Cameron. Celui-ci ne veut pas de chanson, mais Horner veut le convaincre du contraire, si Céline accepte de la chanter. René corrige tout de suite : « Il faut d'abord convaincre Céline, et me convaincre, moi. » Dans une suite du Caesar's Palace, Horner se met au piano et leur chante « My Heart Will Go On ». Céline déteste. Il ne sait pas chanter. Elle fait de grands signes à René que non, non, non, elle n'en veut pas, rajoute des mimiques horribles pour qu'il comprenne que c'est hors de question. Mais il fait semblant de ne pas saisir ce qu'elle veut. Ou plutôt ce qu'elle ne veut pas. Tout à coup, il déclare : « Dans un mois nous serons à New York, à la Hit Factory, où Céline enregistre son prochain album. Elle pourra faire une maquette pour que Cameron l'écoute et soit en mesure de se décider. » Horner est aux anges. Céline est noire de colère. Elle va passer un sérieux savon à René dès qu'ils seront seuls. Mais c'est lui qui la devance. « Horner chante mal, c'est entendu, mais tu n'as pas écouté la chanson. Tu peux en faire un de tes plus gros succès. »

Un mois plus tard, Horner est à la Hit Factory avec une piste d'orchestre. Il lui raconte en détail l'histoire du film. Céline la trouve passionnante. Elle a un peu mal à la gorge, mais elle enregistre la chanson avec cette voix un peu fragilisée qui lui donne une émotion particulière. Une fois entrée dans l'histoire qu'elle venait d'accueillir, elle a restitué dans la foulée le grand amour qu'elle raconte. Les patrons de Sony, présents dans le studio, Tommy Mottola et Vito Luprano, ont adoré. Ils ont déclaré qu'on tenait une chanson en or. Cameron écoute l'enregistrement et est emballé. Il leur propose de visionner le film en projection privée. La séance dure trois heures. Céline, avertie des somnolences impromptues de René, l'empêche, avant la projection, de prendre autre chose que des fruits et du Coca, pour qu'il ne s'endorme pas avant la fin. Il le fait régulièrement lorsqu'il a trop mangé.

La maquette de la Hit Factory n'a pas été retravaillée, elle fera telle quelle le tour de la planète. Deviendra la chanson la plus vendue de l'histoire du disque. Un succès mondial porté également par le film ou l'ayant porté… qui atteint le chiffre astronomique de 24 millions de ventes ! Tout ce que Céline touche de sa voix se transforme en or, en platine, en diamant.

René répète sans cesse que ce n'est pas le tout de recevoir, il faut aussi savoir donner. Il est superstitieux à ce sujet. Ne pas prouver sa reconnaissance pourrait porter malheur. Il n'y a pas lieu d'en convaincre Céline. Entre l'association contre la mucoviscidose et son désir de se battre pour les enfants défavorisés, elle est au cœur du problème. Elle a vu un jour un reportage sur une petite Vietnamienne en train de mourir toute seule derrière une porte dans un orphelinat débordé. Les intervenants se trouvaient démunis, inopérants. « Jamais de ma vie, dit Céline, je n'oublierai son visage, ses yeux, sa douleur. Je ne veux pas oublier. Si je dirige une œuvre un jour, je veux qu'elle agisse auprès des enfants. »

Elle inaugure sa maison de Jupiter, le 28 juillet 1998, à minuit cinq. René, toujours superstitieux, a dit « Vingt-huit, c'est 2 plus 8 qui font 10. 10 divisé par deux, puisque nous sommes deux, ça fait 5. C'est notre chiffre. On peut y aller. » Céline n'est pas venue sur les lieux depuis trois mois. En trois ans, elle a remis des milliers d'images aux architectes, annotées de sa main.

Ce soir-là, la maison est illuminée de centaines de bougies. Une lumière dorée règne dans les vingt-quatre pièces à vivre, plus une grande salle de cinéma. Céline a pensé à un atelier de couture pour sa mère, une salle de jeu pour René, dans laquelle il retrouve l'atmosphère du Ceasar's Palace de Las Vegas. Toutes les pièces sont tournées vers le patio intérieur, comme un immense salon à ciel ouvert. Avec des recoins anglais, chinois, des petits jardins exotiques, une grande piscine au fond de laquelle on peut lire leurs initiales enlacées. On a planté des palmiers royaux plus hauts que la maison, des plantes grimpantes, des arbres en fleurs, beaucoup de gardénias qui adoucissent les rêves. Mais c'est déjà un rêve que ce lieu qu'elle a voulu, créé de toutes pièces, atypique, singulier, somptueux. Un lieu totalement à elle qu'elle allait animer, aimer, où elle avait rassemblé tout ce qui lui semblait le plus beau. Et, bien sûr, elle pense à l'enfant, aux enfants, qu'elle y élèvera peut-être un jour. Le rythme des tournées, la pression, le stress, les décalages horaires, ce tourbillon incessant, les fréquentes séparations d'avec René, ne lui laissent pas présager que cela se fasse aisément. C'est pourquoi elle sait que, un jour ou l'autre, elle devra prendre un an, deux ans, pour réaliser cet autre rêve, le plus grand à ses yeux, le plus beau, enfanter à son tour, comme on le faisait dans sa famille sans restriction…

Linda, sa sœur, vit avec eux, ainsi que son mari, Alain. Ils l'aideront à en prendre soin. Il y a trois employées pour entretenir la maison. Il va lui falloir apprendre à tenir une demeure de cette envergure, elle qui vit d'hôtel en hôtel depuis tant d'années.

Mais ce bonheur-là a mangé le reste. Plusieurs shows à suivre ne se passent pas très bien, pour différents problèmes techniques qui s'accumulent. Céline est excédée. Elle est dans une autre perspective qui s'est inscrite en elle à la faveur de sa nouvelle maison.

L'ambition qui la portait jusque-là vient de prendre une autre direction. Elle a un immense désir de calme et de repos. D'intimité et de vie simple. Elle se fait de petits films de vie. Elle prépare des pâtes à l'italienne (la seule chose qu'elle sache faire), pendant que René regarde un tournoi de golf à la télévision, elle dresse un dîner aux chandelles pour eux deux, avec des fleurs, des verres en cristal. Mais non ! Ce sera pour plus tard. Le spectacle Let's Talk About Love, qu'elle donne encore, est plus exigeant que jamais. Elle doit occuper une scène immense pendant près de deux heures, parfois plus. Elle sort de là survoltée, en eau, pleine de cette euphorie épuisante qui suit le violent don d'elle-même. Et puis le lendemain, ça recommence. Et le jour d'après, et ainsi de suite, comme une nouvelle montagne à franchir chaque jour, dissimulant éternellement de nouveaux sommets. Jusqu'à quand cette machine aveugle lancée à toute vitesse l'emportera-t-elle ainsi ? De façon presque absurde. Elle a tant visité les sommets du succès qu'elle en est presque écœurée.

Pour accrocher son rêve à autre chose, elle pense déjà à une autre maison. Non plus en Floride, mais près de Montréal. La neige des hivers canadiens est inscrite en elle. Elle apprécie la chaleur du Sud, mais quelque chose de plus enraciné, venu de son enfance, l'appelle.

Sans délai, avec René, elle a acheté une île de plusieurs hectares sur la rivière des Mille-Iles, à une vingtaine de minutes du centre-ville de Montréal et de l'aéroport de Dorval. À dix minutes du terrain de golf de Terrebonne. En pleine nature, les chevreuils et les lièvres gambadent dans les environs. Puis ils décident de s'arrêter au seuil de l'an 2000. Dès que cette décision est prise et qu'elle sait que la folie va s'interrompre, elle retrouve le plaisir de chanter. L'été suivant, ils feront une longue halte au Québec pour pratiquer le golf et mettre leur prochaine maison en chantier. Mais, au moment où ils s'y attendent le moins, une flèche empoisonnée descend du ciel pour briser tous les projets en cours.

René touché

Dans l'avion entre Minneapolis et Dallas où ils se rendent pour une dizaine de jours, Céline voit que René ne cesse de tâter son cou. Déjà en alerte, elle lui demande pourquoi il ne cesse de répéter ce geste. Qu'a-t-il ? Rien. Alors, qu'il la laisse voir. Elle effleure de sa main l'endroit qu'il inspecte depuis le matin. Elle sent une masse dure, grosse comme un œuf. « Depuis quand t'as ça ? » demande-t-elle, le visage décomposé. Et lui : « C'est rien. Ça va passer. » La peur se transforme en colère pour ne pas laisser l'angoisse s'installer. Elle l'agresse :

— Qu'attends-tu pour consulter un médecin ?

Il n'a pas eu le temps. Ça vient d'apparaître en quelques heures. Est-ce que ça fait mal ?

— Non.

L'horreur !

Une boule apparue en quelques heures et qui ne fait pas mal, ça ne pouvait être que la chose qu'on évite même de nommer. Elle essaye de chasser la vision du pire, mais n'y arrive pas. La sensation de la masse dure reste accrochée à ses doigts.

Le lendemain matin, tôt, il part subir des examens dans une clinique de Dallas. Il veut y aller seul. Céline doit rester dormir. Elle a un spectacle le soir même. Elle doit être en forme.

Il s'en va avec Martin Lacroix, son producteur exécutif. Céline ne peut fermer l'œil, tenue éveillée par une sourde anxiété. Enfin, n'y tenant plus, elle se rend à l'hôpital en fin de matinée. Il est question d'opérer. Un peu plus tard, un médecin entre dans la chambre de René. Il ne peut faire aucun diagnostic sans effectuer une biopsie. Céline frémit. « Je croyais déjà entendre, dit-elle, comme dans le pire des cauchemars, le mot épouvantable que personne ne veut prononcer, mais auquel nous pensions tous les deux sans le dire. » Le jeune médecin ne dit rien de précis malgré les questions de Céline. Il dit que la tumeur peut être maligne ou pas. Il faut faire une analyse. Mais Céline veut déjà savoir. Tenant la main de René dans la sienne, elle poursuit : « C'est ça, docteur, oui ou non ? » Il ne peut pas répondre pour l'instant. Il n'est ni désagréable ni alarmant. Il admet seulement que si c'est *ça*, il faudra opérer rapidement. Les résultats seront prêts en fin de journée.

Pour réagir, ne pas rester passif, pour rassurer Céline, René appelle un ami médecin à New York. Celui-ci s'engage à lui trouver, si nécessaire, le meilleur cancérologue des États-Unis. Céline chante le soir même à Kansas City. Elle doit y aller. Elle prend l'avion avec ses musiciens mais ne parle à personne de ce qui arrive. Ce n'est pas un secret, mais elle n'est sûre de rien. Avant d'entrer en scène, elle téléphone à l'hôpital. René ne saura les résultats que le lendemain matin. C'est une sorte de répit qu'il lui donne. Peut-être qu'il sait déjà. Céline n'insiste pas. Supplie le ciel qu'il n'y ait rien. Seule dans sa loge, elle se sent soudain écrasée de fatigue. Tout lui semble hostile, désenchanté. Elle entre en scène comme une automate, celle qui chante à sa place quand elle déserte son âme. « J'ai laissé la place à la détestable chanteuse automate. Je suis restée en dehors de mes chansons et je l'ai écoutée, je l'ai regardée, faire son numéro, mon numéro. »

Simplement, lorsqu'elle a chanté « la première fois que j'ai vu ton visage », ses yeux se sont noyés de larmes.

Après le concert, elle reprend l'avion pour Dallas. De l'aéroport, elle se rend directement à l'hôpital. Dans la pénombre de la chambre, elle aperçoit René dans un lit et son ami Pierre Lacroix, le père de Martin, dans l'autre. Sa gorge se serre d'émotion en le voyant là, venu en urgence de Denver. René semble dormir, un pansement blanc à son cou. Pierre entraîne Céline dans le couloir. Il faut qu'elle aille dormir. Son amie Coco l'attend à l'hôtel. Avant de s'en aller, elle retourne auprès de René. Il a l'air d'une telle innocence ! Son cœur se brise.

Elle s'endort à peine qu'on tambourine à sa porte et la réveille en sursaut. Sa chambre est inondée. Ses affaires flottent autour d'elle. La plomberie est défectueuse. Des employés épongent sa chambre. Des ouvriers raccordent les tuyaux mal joints. Tout le monde chuchote. Céline, sous l'effet du somnifère qu'elle a dû prendre, regarde tout cela, l'air vague. Après quelques heures de mauvais sommeil, elle ouvre les yeux vers neuf heures. Coco est assise sur son lit. Elle s'approche et prend avec douceur son visage dans ses mains. Puis elle prononce tendrement les mots redoutés : « Ma belle Céline, ton mari a besoin de toi. »

Céline a compris. À l'hôpital, René est assis sur son lit le visage ravagé. Ses larmes coulent. Son corps tremble. Son ami Pierre est près de lui. « J'ai le cancer, Céline. Le docteur l'a dit. »

Alors Pierre, Coco et Céline l'ont pris dans leurs bras pour le calmer, le consoler. C'est le 30 mars 1999, jour des trente et un ans de Céline. « Notre bonheur est brisé », déclare-t-il à Céline. Sous le choc, elle perd le souffle.

Mais prenez garde ! Une immense vague de révolte se lève en elle presque tout de suite. Elle va se battre. Elle va vaincre. Elle va lui donner sa force. Elle est forte. Elle va tuer le mal. Tordre le serpent venimeux qui lui enserre le cœur. Elle va avaler l'horreur et l'évacuer de leur vie. Elle. La puissance de l'amour va se montrer à l'œuvre. Elle y croit. Même s'il n'y a qu'une chance infime de guérison, elle la brandira comme une arme. Elle va combattre comme pour elle-même. À sa place. Pour lui. Elle fera passer son mal en elle mais en en bloquant les effets à chaque fois, par la magie de son énergie de femme jeune, vigoureuse, passionnée.

À l'hôpital de Montréal, où René a été transporté le lendemain, le Dr Bob Steckler, qui a assisté à la biopsie de la veille, a reconnu que le cancer de René est grave. Il va l'opérer le jour même. Il rassure tout le monde, arrive à les faire rire. Patrick, Jean-Pierre et Anne-Marie, les trois enfants de René, sont là. La famille de Céline est venue aussi. Ils sont une dizaine de personnes à fêter l'anniversaire de Céline dans le bureau du médecin avec des boissons et des gâteaux. Puis toute la troupe accompagne le malade dans le couloir qui conduit au bloc opératoire.

René a supplié Céline de ne pas annuler ses concerts. Il avait dit au moment de sa crise cardiaque à Los Angeles : « Si tu arrêtais, je mourrais deux fois. » Anne-Marie a balbutié dans ses larmes, « Je suis là, moi. Je vais m'occuper de papa. » Ils sont retournés dans le bureau du Dr Steckler totalement désorientés, pour retrouver la femme du médecin, Debbie, qui tente d'adoucir ce moment difficile. Céline suit le déroulement de l'opération. Le docteur l'appelle à plusieurs reprises pour lui dire que tout se passe bien. Il lui communique son optimisme. Il faut rester positif. L'opération terminée, il affirme : « La guérison de René vient de débuter. » Tout le monde est rentré à l'hôtel. René a fait livrer un festin, un énorme gâteau et des fleurs, pour qu'ils fêtent l'anniversaire de Céline. Sur le gâteau, cinq bougies. Le chiffre porte-bonheur. Personne n'a très faim, mais tout le monde se force. On fait des photos pour les montrer à René ensuite. Céline réalise que, pour la première fois, c'est une fête où il ne sera pas présent sur les photos. Cette absence la foudroie. Et s'il mourait, s'il n'était plus jamais là ? Elle manque de s'effondrer. De tomber par terre, comme si tout son corps la lâchait. On la transporte sur un sofa. Johanne les a rejoints. Elle apporte des tonnes d'esquisses, de plans, d'échantillons, pour la future maison des Mille-Iles. Des valises entières de pierres, de tuiles, de carreaux. Céline fait des efforts, mais elle ne peut rien choisir.

Le lendemain, elle doit chanter à Houston. René a refusé d'annuler le concert. *The show must go on.* La chanteuse automate est aux aguets. Aucun communiqué n'a été transmis à la presse, mais il semble à Céline que le public est en lien avec elle plus que jamais. Quand elle entame une de leurs chansons fétiches, « All The Way », sa voix se met à trembler mais elle la termine malgré tout, envahie d'émotion. Avant d'entrer en scène, elle a rassemblé les musiciens, les choristes, les ingénieurs du son et aussi Lapin, l'éclairagiste, et elle leur a tout dit. Devant leurs yeux qui s'embuaient, elle n'a pas pu retenir ses larmes. Ils l'ont embrassée chacun leur tour. « Ils m'ont entourée, enveloppée dans leur musique, plus douce, plus caressante que d'habitude. Comme une prière que nous aurions faite ensemble. » Un moment d'une si grande qualité qu'elle ne l'oubliera jamais. Le cœur déchiré.

Elle ne supportera pas de continuer ainsi. Elle veut rester auprès de René. Lui prendre son mal. Elle annule tout. Les spectacles, les enregistrements, les télés, les interviews. Évidemment, il n'est pas d'accord. « Qu'est-ce que ça change ? » demande-t-il, l'air épuisé. Tout. Pour lui faire plaisir, elle assure encore deux, trois concerts. Mais la suite des dates canadiennes et américaines est reportée à l'automne. Enfin, elle va rester seule avec lui, au cœur de la bataille. René avoue qu'il se repose mieux lorsqu'elle est près de lui. Tout près. Elle s'allonge à son côté dans son lit d'hôpital et reste des heures dans la pénombre, en silence, pendant qu'il sommeille, apaisé.

Un jour, le Dr Steckler entre en coup de vent dans la chambre, sans frapper.

— *Hello lovers*, comment ça va ?

Il a un parler énergique et bref, avec l'accent new-yorkais. Il s'assied sur le lit sans ménagement, insouciant du pansement que René porte au cou, d'où émerge un cathéter.

— Qu'est-ce que tu fais ce soir ? demande-t-il, l'air jovial.

René sourit faiblement sans répondre.

— Moi je vais voir chanter ta bonne femme. Je peux t'avoir un billet, si tu veux.

René rit cette fois-ci, mais répond, désolé :

— J'aimerais bien t'accompagner, mais avec ce pansement et ce drain…

— Ah ! Si c'est que ça !

Et, d'un seul geste bref, il lui arrache le pansement et le drain.

— Si tu ne viens pas voir chanter ta femme ce soir, je finirai par croire que tu n'es pas un bon mari.

Le traitement de radiothérapie suivra mais, pour l'instant, il faut que René prenne des forces, se distraie et mange bien pour supporter les effets secondaires qui seront désagréables et risquent de lui couper l'appétit. Après l'opération, il n'a pu avaler que des nourritures molles ; ensuite, il a englouti tout ce qu'il voulait sans complexe.

Il allait donc assister à l'un des derniers shows avant l'interruption annoncée. Depuis plus de quinze ans, chaque fois qu'il était dans la salle, il regardait tout d'un œil critique, consignait ses remarques, en parlait ensuite en détail. Lorsque Céline le repérait dans le public, elle s'obligeait à détourner les yeux pour ne pas se déconcentrer. Mais au contraire, ce soir-là, à Dallas, elle l'a cherché, l'a trouvé, et n'a plus chanté que pour lui. Il y avait plus important que la réussite de son spectacle. Elle disait de toute son âme, presque tournée vers lui, les paroles écrites par Jean-Jacques Goldman :

Je sais les hivers, je sais le froid
Mais la vie sans toi, je sais pas

Bientôt va sortir une compilation de ses plus grands titres anglais pour fêter le deuxième millénaire. Ils racontent sa vie mieux que jamais à ce moment. « The Power of Love », « I'm Your Angel », « Love Can Move Mountains ». Et, bien sûr, « My Heart Will Go On », la chanson d'amour du film *Titanic*. Elle vit quelque chose d'effrayant, de terrible, mais, une fois de plus, elle va se dépasser pour l'affronter.

Lorsque René est de retour pour sa convalescence, dans leur magnifique maison de Jupiter, les amis affluent sans discontinuer. Il n'est pas abandonné. Les plus proches viennent passer quelques jours, une semaine. Ils rigolent et se placent autour de lui comme des soldats, des gardes du corps, venus défendre un ami contre les attaques du mal qui menace.

Un foulard autour du cou, René joue au golf très tôt le matin. Lui qui adore le soleil habituellement en bon Oriental qu'il est, se garde de la chaleur comme si elle lui était devenue pénible à présent. Il regarde tous les sports à la télé, hockey, golf, base-ball,

Formule 1. Il fait des paris, joue sur les équipes ou sur les champions. Tout le monde parle et rit bien fort. Dès qu'ils se mettent à chuchoter, Céline devine que René s'est endormi.

Elle passe la journée dans le patio avec ses sœurs, autour de la piscine. Ou bien elle épluche avec soin les magazines pour sa prochaine maison. Entrer dans le monde amical de René ne lui vient pas à l'idée. Copains de golf ou de black-jack, ils ont des codes, des secrets, un langage à eux, se retrouvent à Las Vegas qu'ils appellent « la Maison ». S'appellent entre eux « champion », « chef » ou « docteur ». Ils vont à travers les États-Unis voir des matchs importants de base-ball ou des combats de boxe. Ce sont des joueurs. Ils parient sur tout. Se disputent, disparaissent, réapparaissent toujours, quand ils ont fini de bouder.

Chaque matin, à 9 h 05, Alain conduit Céline et René à l'hôpital. Pour le traitement de radiothérapie. Un quart d'heure plus tard, lorsque c'est fini, un de ses amis qu'on a prévenu appelle et lui dit qu'il pense à lui, qu'il va guérir, c'est sûr.

Un matin où Céline, très fatiguée, dort, René a failli partir sans elle. Elle le prend très mal et lui fait de graves reproches.

— As-tu oublié, René Angélil, que le jour de notre mariage, je me suis engagée à vivre avec toi pour le meilleur et pour le pire ?

Évidemment, René a bientôt soixante ans, et il semble qu'il ait un peu oublié les rêves d'absolu qui habitent toujours Céline. Il pensait qu'il serait plus raisonnable qu'elle dorme un peu ce jour-là. Mais, par la suite, il n'est plus jamais parti sans elle. Il est secret, discret sur lui-même, il parle peu de ses doutes ou de ses angoisses. Céline, elle, veut tout savoir de ses peurs, de ses douleurs. Elle panique lorsqu'elle le voit ne jamais se plaindre, ne pas partager avec elle les moments les plus durs.

Ces moments-là ne vont pas manquer ; le médecin vient de proposer de compléter la radiothérapie par de la chimio. Ce sera pénible, mais ce sera plus sûr. René et Céline consultent les trois enfants, Patrick, Jean-Pierre et Anne-Marie pour savoir ce qu'ils en pensent. Oui, il faut mettre toutes les chances de son côté.

Céline se rend bien compte que, dans la lutte qu'il va entreprendre, René va souvent se trouver seul devant l'épreuve. Comment partager totalement sa douleur ou sa peur ? Pourtant, au moment où elle se met à penser très fort à Karine, à sa mort et à sa souffrance, disant à René qu'elle aurait tant préféré que cela lui arrive à elle, il répond dans le noir de leur chambre, toutes lumières éteintes :

— Je savais que tu dirais ça et que tu te battrais jusqu'au bout sans te plaindre. Je le savais. Et c'est ça qui m'aide le plus. Tu es à ma place. Tu es avec moi. Je le sais. Je sens ta force en moi.

Céline écoute, reconnaissante d'entendre le plus important à ses yeux : l'espoir que René ressente vraiment toute l'énergie qu'elle lui distille jour et nuit. Quand on est capable de porter jusqu'aux nues l'émotion de cinquante mille personnes, par la magie de sa seule voix, on peut, avec la même force, insuffler la vie à celui qu'on aime.

La chimiothérapie peut rendre stérile. La peur de ne pas avoir d'enfant, cette grossesse rendue inaccessible pendant des années, terrifie Céline. Elle le veut avec tant d'impatience, l'enfant qu'elle aura de cet homme qu'elle aime depuis toujours ! Jusqu'à présent, elle en a été privée par son métier. Mais voici qu'un crabe aux pinces crochues voudrait l'empêcher de réaliser ce rêve ultime, faisant intimement partie de sa vie.

Il faut agir avant qu'il soit trop tard. Quelques jours avant de commencer la chimio, ils se sont rendus dans un laboratoire où l'on conserve le sperme congelé dans une éprouvette. L'enfant, ou les enfants, sont en sûreté, bien au froid. Céline en avait tant parlé dans les interviews, les conférences de presse, de cet enfant qu'elle aurait un jour, qu'il existait presque déjà. Comme à son habitude, elle se fait des films. Il suffit qu'un mois elle ne voie rien venir et, immédiatement, elle imagine qu'elle est enceinte. Sur l'écran, elle voit le visage de René en gros plan s'illuminer de joie. C'est une petite fille qui fait le bonheur de tous. Dans les avions, sur scène, dans les loges. C'est la mascotte adorée de la troupe. Elle répand la gaieté et le rire partout où elle passe. Le garçon, au contraire, serait plus timide, plus caché dans les jupes de sa mère. Sérieux, indépendant vis-à-vis des étrangers. Elle le trouve fascinant pour la distance qu'il garde en toute circonstance…

Mais pour l'instant une épreuve terrible se profile. La chimio est en train d'accomplir son œuvre. Bonne et mauvaise. Elle avance comme un monstre de fer. La nourriture a un goût de vase. Nausée, épuisement et tristesse se mettent de la partie. René ne joue plus au golf, n'a plus faim du tout. Alain tente de lui composer des salades légères. Il avale une feuille. Puis il fait des sorbets de plus en plus aériens. À la fin, des sorbets « à rien ». Il peut seulement boire un thé léger. Autant dire de l'eau chaude. Une fatigue épouvantable lui tombe dessus. Céline à son tour renonce à aller sur le green. Elle a besoin d'être en forme pour trouver au fond d'elle la paix, la force et la concentration nécessaires. René et elle restent seuls, maintenant. Toutes les visites le fatiguent. Ils se coupent complètement du monde extérieur. Évitant au maximum que la presse s'en donne à cœur joie, avec de gros titres effrayants en première page. Ils se reposent tous deux sous le gros palmier à cinq branches ou, plutôt, Céline veille sur le repos de René. Ils sont plus unis que jamais. Céline dit : « Sa maladie était devenue *notre* maladie, *notre* cancer, *notre* lutte. »

René a décidé de guérir. La bonne humeur est excellente pour la santé, il sera donc de bonne humeur. Il fait un pari sur la vie. Ils ont prié, pleuré, supporté l'épreuve terrible, armés de tendresse et de patience.

Céline en cette occasion proclame qu'elle est la femme d'un seul homme. Pour la vie. Le malheur qu'ils traversent les a convaincus que leur amour est inaltérable, indestructible. Elle a été élevée dans une famille où on lui a appris que l'amour est plus fort que tout. Il rend invincible. Plus puissant que tous les médicaments de la terre. Elle est convaincue que le plus grand remède est l'amour. Elle est bien décidée à le prouver.

René arrive au bout de ce long calvaire. Il tient absolument à ce que Céline n'annule pas la tournée des grands stades d'Europe. Il reprend confiance. Il n'a plus de ces affreuses nausées qui donnent envie de mourir. Il redécouvre une nourriture d'enfant. À la mi-juin, lorsque Céline s'envole pour l'Europe, elle a vu dans ses yeux qu'il revenait à la vie. Cela fait deux mois et demi qu'ils ne se sont pas quittés d'une seconde. Elle a dormi toutes les nuits avec lui. À l'hôpital ou à la maison. Elle a veillé à son sommeil, à sa nourriture si difficile à choisir, à son repos, à ses remèdes, et, par-dessus tout, à son moral.

En partant, elle a l'impression de briser un enchantement, tant le lien qui s'est tissé entre eux est désormais profond. Jamais ils n'ont été aussi proches aussi longtemps.

René pense que ce sera pour elle une coupure bienfaisante, après les semaines éprouvantes qu'elle vient de passer auprès de lui. Il fait installer un relais satellite lui permettant de suivre en direct tous les shows de la tournée. Ils vont pouvoir se parler, se voir dans les coulisses ou même sur scène. René va la recevoir chez eux, sur le grand écran de cinéma de la maison de Jupiter.

Au Stade de France, elle chante devant quatre-vingt-dix mille personnes. Qui peut savoir les semaines qu'elle vient de passer ? Ce sera un de ses plus beaux souvenirs. Du public monte une immense vague de chaleur. Des panneaux brandis indiquent « René on t'aime ! Courage ! ». Après « Pour que tu m'aimes encore », elle reçoit une ovation qui envahit le stade comme un tonnerre. Comme une immense vague d'émotion déferlant sur elle. La foule entoure la scène avec ferveur.

René, en Floride, assiste à tout cela en direct, dans sa salle de cinéma. Daniel, l'ingénieur du son, a branché le micro de René dans les écouteurs de Céline. Soudain, pour elle seule, elle entend la voix un peu éraillée, si douce : « Je t'aime, Céline, t'es mon amour pour *toujours*. » Voilà le grand mot lâché, pour une femme amoureuse. Céline voudrait pleurer dans ses bras, mais elle n'en a pas le droit ni la possibilité, elle doit chanter. Les larmes coulent toutes seules sur son visage. Comme si elle ne pleurait pas, elle, Céline, mais que les pleurs débordant de son cœur par un trop-plein d'amour, de peines endurées, de joie fragile et d'espoir mêlés, se répandaient sur ses joues. Ses mains tremblent sur le micro. Elle ne peut pas lui répondre.

Jean-Jacques Goldman monte sur scène, déclenchant un tonnerre d'applaudissements. Il marche vers Céline et commence à parler tranquillement dans son micro, si bien que la clameur s'éteint d'elle-même pour pouvoir entendre ses paroles. Il remercie Céline d'être là, comme s'il parlait au nom du président de la République ! La foule est debout, les bras tendus vers eux, elle exprime un véritable amour pour les deux artistes réunis ce soir-là. Et puis, comme il a déjà écrit ce qu'il y a de plus beau à dire en amour, Goldman, simplement, entame de cette voix un peu enrouée qui a fait son immense succès, « S'il suffisait qu'on s'aime »... Elle est si belle – comme un hymne –, sa chanson, que les quatre-vingt-dix mille personnes l'entonnent avec lui. Céline sent comme une déflagration qui dure, dans tout son corps ; elle est transie, en larmes, devant cette foule amoureuse. Pour ne pas perdre complètement le contrôle, elle se recule vingt secondes dans la pénombre, respire profondément, pour relâcher la terrible tension qui l'oppresse dans cet instant de bonheur douloureux, puis elle revient dans la lumière. Elle chante avec Goldman. C'est un des plus beaux duos de sa vie.

En rentrant à Jupiter, elle constate que René va beaucoup mieux. Il reprend une petite vie sage. Il épluche, pile et tranche les légumes tout doucement dans la vaste cuisine. Il est changé, amaigri, sa voix est plus rauque et plus sourde que jamais. Il arrive qu'il s'étouffe en parlant. Il lui faut toujours une bouteille d'eau à portée de main. Or, un nouveau show télévisé se prépare. Céline et René redoutent déjà les questions cannibales qu'on va leur poser sur *leur* maladie. Pour affronter la meute, ils choisissent la conférence de presse. Devant les dizaines de caméras et de micros, René prend la parole sans s'étouffer, ni pleurer : « Nous avons traversé Céline et moi une dure épreuve. Nous sommes plus proches, plus amoureux que jamais. Et, pour tout vous dire, nous sommes heureux. » Ils applaudissent à cette déclaration. Puis, pendant près d'une heure, Céline va parler du grand show qui se prépare pour le 31 décembre, la nuit de l'an 2000 qui fait fantasmer le monde entier. Du congé sabbatique qu'ils vont prendre ensuite. Et, bien sûr, de l'enfant qu'elle compte bien avoir, elle espère le plus vite possible. D'où le congé.

René recommence peu à peu à jouer au golf et au black-jack. C'est le meilleur signe de guérison qui soit. Il est là le soir du grand show de l'an 2000, et cette nuit-là, à minuit sonnant, Céline l'embrasse à pleine bouche sur la scène. Et les vingt-cinq mille personnes présentes, d'en faire autant, dans la mesure du possible !

Cette même nuit, ils partent pour Las Vegas, où ils sont invités à une grande fête par Arthur Goldberg, propriétaire d'une douzaine de casinos, au Caesar's Palace. Céline a décidé de renouveler son mariage devant Dieu et devant les hommes. Ce début de millénaire lui apparaît comme un nouveau grand départ, après tout ce qu'ils ont vécu ensemble. Goldberg leur offre cette soirée en cadeau de (secondes) noces. Tout, le décor, la musique, les chants, l'office religieux, la réception des époux, le banquet, toute cette fête célébrera les origines libanaises et syriennes de René. L'étoile et le croissant, en strass lumineux, sont partout présents dans la grande salle où Céline donnera un peu plus tard six cents concerts entre 2003 et 2007. Les musiques, les danses et les costumes ont tout des contes des *Mille et Une Nuits.* Il y a des oiseaux exotiques et des chameaux. René trône sur des coussins de soie, dans le rôle du Grand Vizir et Céline, en danseuse à moitié nue, dans celui de Shéhérazade. On a aussi aménagé une mosquée où s'est déroulée la cérémonie religieuse des serments, devant Allah.

Dans la grande salle de bal du Caesar's Palace, on a recréé un jardin oriental avec six tentes berbères, chacune dans un décor somptueux à l'orientale, tentures multicolores, grands lampions de lumière orangée, fourrures au sol, etc. Le festin a été composé par des chefs libanais, syriens et marocains. René est habillé tout en blanc et Céline porte une robe dorée signée Givenchy. Elle veut dire au monde entier « René je t'aime ». On lui a reproché de n'être pas discrète. Mais ça ne peut pas l'être. Elle veut que ça se sache aux quatre coins de la planète.

L'enfant-roi

Après cette grande soirée d'apothéose, le résultat est clair : Céline a chanté sur les plus grandes scènes du monde, a vendu des millions d'albums et a conquis l'homme de sa vie. Elle a cru ne jamais pouvoir se résoudre à entamer une année sabbatique. Comment se passer de l'excitation fabuleuse de la scène ? De ce stress devenu une véritable drogue ? De ce tourbillon de folie qui les a emportés, René et elle, pendant près de vingt ans ? Elle prend de fermes résolutions : apprendre l'espagnol, suivre des cours de dessin, de piano... ne plus chanter. Mais elle repousse de mois en mois le moment d'entamer ces apprentissages et de tenir les engagements qu'elle s'est imposés. Au contraire, elle se lève tôt, chante sans arrêt pour le plaisir, s'occupe de ses fleurs, s'instruit auprès du jardinier, regarde pour la première fois les matchs de hockey à la télévision. Ne se bat plus avec les trois feuilles mortes qui restent parfois à la surface de la piscine.

Un projet d'une tout autre grandeur a pris maintenant possession d'elle : célébrer, accueillir, la VIE. D'abord la vie de René, pour laquelle elle vient de se battre de toute son âme. Et puis la vie qu'elle veut donner. Elle a souvent déclaré : « Je pourrais très bien avoir quatorze enfants comme maman ! » L'exemple est tentant. Mais c'était un autre destin. Sa folle vie de star de la chanson n'a pas permis que les conditions soient réunies jusque-là pour être enceinte. Désormais, elle ne veut plus rêver à avoir un enfant. Elle va tout faire pour que cela arrive. René est le premier à savoir à quel point elle veut donner la vie. Elle dit : « C'est le plus beau cadeau qu'il peut me faire. Porter la vie, c'est être béni. »

Elle s'est précisément renseignée auprès de son gynécologue, le Dr Ronald Ackerman, des dernières avancées techniques concernant la fécondation *in vitro* et l'insémination artificielle. Quand Céline saisit un sujet à bras-le-corps, rien ne l'arrête. Elle va longuement étudier toute la mise en place du protocole pour se donner toutes les chances de réussir. René est devenu plus contemplatif. Il est entièrement engagé à ses côtés. Plus que jamais fasciné par cette femme qui obtient tout ce qu'elle désire, malgré les pires embûches. Il doit simplement continuer de vivre. Et ça, il n'en a pas la certitude. Le crabe a-t-il seulement desserré son étreinte ou bien s'en est-il allé vers d'autres victimes ?

Céline fait tout pour lui rendre la vie douce. Non contente de la maison de rêve qu'elle a fait construire en Floride, elle suit l'élaboration, plan, chantier, décoration, de celle qu'elle veut au Québec. Elle cherche à ce que, dans tous les domaines, les choses soient claires, en ordre, impeccables. Elle a soif de toute la beauté du monde qu'elle n'a pas pris le temps de contempler à loisir. Les châteaux, Venise, la France, les musées. Mais d'abord, le bébé.

Elle a pris rendez-vous avec le Dr Zev Rosenwaks, à New York, le grand spécialiste de la procréation assistée. Il faudra isoler un spermatozoïde et le replacer dans un ovule pour le réinjecter ensuite dans l'utérus. Patience et sang-froid sont les maîtres mots de l'opération. Céline est prête à tout. Elle fera ce qui est en son pouvoir pour se conformer exactement à ce qui lui sera demandé. Elle a tout mis en place pour que cela réussisse. Le taux de succès n'est que de vingt-cinq pour cent, elle le sait. Mais sans jamais perdre son humour, elle répond au professeur :

— Même la bonne vieille méthode naturelle n'est jamais sûre à cent pour cent !

Elle va recevoir des doses massives d'anti-œstrogènes pour réguler l'ovulation. Puis prendre des hormones pour en provoquer une plus forte. Elle fait presque chaque jour des bilans sanguins et des échographies pour un dosage précis. Elle subit tout cela sans se plaindre. Comptant pour rien les effets secondaires, étourdissements, malaises, gonflements du ventre. Enfin, le 25 mai, on place en elle trois ovules fécondés, ce qui lui donne l'espoir d'avoir des triplés ou des jumeaux. Mais rien n'est encore sûr. Il va lui falloir pendant deux mois recevoir chaque jour une dose de progestérone pour maintenir la grossesse en cours.

René suit chaque opération attentivement, comme s'il devait gagner le tiercé dans l'ordre ! Mais c'est un projet si grand qu'il mobilise tout son amour pour elle. L'épreuve est froide, technique et sans poésie. Seul le but qui la sous-tend lui donne son caractère fabuleux. Céline a déclaré sans donner plus de détails :

— Nous n'avons jamais caché que nous avions des problèmes de fertilité.

Elle reste allongée pendant plusieurs semaines pour que les « œufs » restent bien accrochés. Déterminée, elle a même affirmé :

— Si vous voulez, je peux ne pas bouger pendant neuf mois !

Heureusement, on ne lui en demande pas tant. Mais elle l'aurait fait. Elle est ainsi.

Le 8 juin, le Dr Ackerman vient chez eux, à Jupiter. Il venait souvent leur rendre visite, mais ce jour-là ce n'était pas prévu. La veille, il l'a auscultée, examinée en détail, fait une prise de sang. On saurait bientôt si la grossesse avait pris. À ce moment, le Dr Rosenwaks, qui prend de ses nouvelles chaque jour, appelle de New York. Il ne demande pas à parler au Dr Ackerman avec qui il se concerte régulièrement. Non, il demande à parler à Céline en direct. Et à René aussi.

Céline appelle son mari par l'Interphone pour qu'il la rejoigne dans la cuisine. Pourquoi le docteur prend-il tant de précautions ? Le cœur battant d'émotion, elle pense que c'est pour une très bonne, ou une très mauvaise nouvelle. Ackerman tournicote dans la cuisine en faisant semblant de s'intéresser aux appareils ménagers.

Lorsque René arrive, la voix du Dr Rosenwaks se fait entendre dans le haut-parleur. Il a tout prévu avec son confrère. Ils lancent ensemble le mot tant attendu : « Bravo, les amoureux ! » Céline est enceinte. Elle chavire dans un bonheur sans nom. René rit à travers ses larmes. Ils se tiennent enlacés sans pouvoir parler. Même Ackerman a les larmes aux yeux. Ils étouffent de joie et vont passer la journée au téléphone pour annoncer le résultat à « tout le monde ». Famille, amis, bureaux de presse, à Montréal, à Paris, à New York. Les journalistes sont déchaînés. Ils veulent tout savoir. Avant même que ce soit sûr. Car il faut encore que tout se passe bien, comme les en a avertis Ackerman. Dans les mois suivants, des hélicoptères et des drones survolent leur propriété dans l'espoir de surprendre le ventre arrondi de la star de la chanson. Du coup, Céline se terre dans sa maison, n'ose même plus aller dans le parc, ni sur le terrain de golf où elle aime marcher. René entre dans une colère froide. Il fait savoir par un communiqué aux médias qu'on est instamment prié de laisser sa femme vivre sa grossesse dans le calme. Et le harcèlement cesse peu à peu. Céline peut à nouveau sortir librement. Johanne, la décoratrice, a préparé une chambre de conte de fées pour l'arrivée du bébé. Céline va souvent y rêver en contemplant un angelot de bois sculpté que lui a offert Eddy Marnay, lors du concert au Stade de France.

Tous les trois, quatre, six mois, René passe un scanner. Céline enceinte est parcourue d'un frisson d'angoisse, dans l'attente du résultat d'un énième test. Cela prend une journée entière d'épreuves épuisantes pour tous les deux. Deux tests d'une heure tôt le matin. Puis un examen de cinq heures dans un caisson d'où il ne peut plus communiquer. Céline, assise près de la machine qui fait un bruit d'enfer, lui parle, la supplie, lui envoie des ondes positives pour conjurer le mal. Qu'il disparaisse, par pitié !

Ce jour de novembre, ils rentrent chez eux en fin de journée, attendre les résultats. Ils s'enferment dans leur chambre, pétris d'angoisse. René évoque le stress destructeur des condamnés à mort attendant leur sentence. Il ne tient pas en place. Les heures s'écoulent, de plus en plus lourdes. Céline tombe dans une sorte de léthargie sombre et nauséeuse. Une mauvaise nouvelle signerait son entrée dans le monde du malheur. À quoi bon mettre au monde l'enfant de son amour disparu ? Elle vit à nouveau un de ces horribles moments où elle a entrevu la mort.

Et puis la voix du docteur sur haut-parleur se fait tonitruante :

— *OK ! Everything is OK*, René ! *You're all right !*

Elle a failli mourir de soulagement et s'écroule en sanglots. Elle serre son mari dans ses bras et ne peut plus se détacher de lui qui rit de bonheur. Les autres attendent là-bas, à l'autre bout de la maison pour connaître le résultat. Elle n'a pas la force pour l'instant. Elle a eu si peur ! Ses jambes tremblent. Mais, ensuite, c'est le délire, on appelle tout le monde. Partout.

Quand elle annoncera au début de son spectacle : « Je voudrais vous dire que René va bien ! » la foule pousse un cri de triomphe comme si on lui annonçait une victoire nationale. C'en est une pour eux. Céline dira :

— Je n'ai pas besoin de falbalas, d'artifice, d'amants people qu'on trouve dans les tabloïds, et tout cela. J'ai toujours eu des tonnes d'amour.

Si bien que Jean-Pierre Ferland lui écrit une chanson paradoxale, « Je n'ai pas besoin d'amour ». À quoi René s'empresse de répondre :

— J'espère bien qu'elle a besoin de mon amour, parce que je suis prêt à lui en donner tant qu'elle veut.

Il ira même jusqu'à chanter, lui qui commença sa carrière comme chanteur pendant une dizaine d'années :

Si brillante et si belle
Tu es mon étincelle
Notre rêve dure encore
Céline, je t'adore.

La source de cette énergie fabuleuse qui l'anime, elle l'enracine dans l'amour. L'amour pour cet homme – son pilier –, pour ses enfants – sa gloire de femme –, pour sa mère et sa famille – son terreau de naissance. « Pour que tu m'aimes encore », qu'elle considère comme la chanson la plus importante de son répertoire français, écrite par Goldman, sacre sa maturité de femme. Elle tire les larmes aux amoureux délaissés ou heureux. Mais elle l'adresse depuis tant d'années à celui qu'elle aime, cet homme qu'elle a voulu avec rage, avec passion, avec désespoir par moments. Rêvant comme une folle qu'il ait envie d'elle jour et nuit. Pour ensuite reconnaître que l'amour est là, qu'il grandit à son rythme. « La magie est présente, il ne faut pas la créer, il faut la capter », dit-elle aujourd'hui avec sagesse.

De la petite fille qu'elle était – à peine quinze ans – auprès de ce nouveau père plein de charme et d'exotisme, il a fallu qu'elle devienne femme en tuant cette enfance en elle pour acquérir sa dimension d'amoureuse. Les épreuves l'y ont contrainte. Elle est même devenue mère de cet homme qui aurait pu être son père pour l'aider à surmonter la mort.

Elle n'est pratiquement jamais hors caméra. Comme l'idole qu'elle joue à être, elle donne à voir ses visites aux médecins pour sa voix, le chemin aride qui mène à ses grossesses, ses larmes de bonheur ou de chagrin, ses enfants, les soins de beauté qu'on lui donne. Elle joue sa vie devant nous. Mais c'est la vie de sa vie.

Un soir, par exemple, après le concert, elle est dans la limousine, encore en tenue de scène. À côté d'elle, en un instant, René épuisé s'est endormi, comme un vieux monsieur. Elle le regarde. Dans ses yeux, on lit tout un discours désolé. « Mon Dieu, mon pauvre amour n'en peut plus. Est-ce que je lui en demande trop ? Est-ce qu'un jour prochain il ne sera plus là près de moi ? René, ne me quitte pas ! Vis encore longtemps s'il te plaît ! Tu m'as tout donné. Mais j'aurai toujours besoin de toi. » Mais non, pas toujours, elle le sait. En perdant René – mais on sait qu'avec sa force, elle le gardera encore longtemps –, elle ne pourra que devenir, si elle le souhaite, encore plus belle, encore plus grande. Il a presque trente ans de plus qu'elle. Comment en serait-il autrement ? Tout cela, elle le sait. Quand elle chante « Ne me quitte pas », elle y pense les larmes aux yeux.

Depuis vingt ans, elle offre sa vie au public qui la suit dans le monde. Il est au courant de ses peines, elle ne lui cachera pas ses joies. « Les garder pour soi, c'est les perdre », a-t-elle affirmé. Ils sont tous deux, elle et lui, vainqueurs face à l'adversité. Malgré le succès planétaire, que seraient un homme détruit par la maladie, ou une femme dont le désir fou d'enfant serait resté lettre morte ?

La vie s'avance, bousculant le mal qui rôde. Le cœur du fœtus bat à cent soixante-deux pulsations par minute, ignorant la peur. Le petit être qui a pris place est plus fort dans sa fragilité que tous les mauvais présages.

Ainsi, au moment du mariage de sa fille Anne-Marie, René apprend qu'il aura bientôt un autre fils. Il cache au fond de lui la grande angoisse de disparaître avant de le voir grandir. La rémission sera-t-elle définitive ou provisoire ? Les médecins doivent attendre cinq ans pour se prononcer. Il a tant d'amour pour ses enfants ! Il se montre tendre, respectueux, émerveillé par sa fille. Si fier de s'avancer avec elle vers l'autel, pour la conduire à l'homme qu'elle aime, Marc Dupré, un jeune humoriste.

Quant à Céline, les mariages la bouleversent. Elle pleure et se remarie à chaque fois, murmurant : « Je le veux » avec les nouveaux époux. « Toute la beauté et tout le bonheur que je voyais autour de moi me réjouissaient et m'émouvaient à la fois », dira-t-elle. En voyant le lien profond entre ce père et sa fille, elle se demande quel sera le sien avec l'enfant qui bouge déjà dans son ventre. Comment ce nouvel être, vénéré avant que d'être là, va-t-il s'inscrire dans sa vie ? Elle est d'une famille qui adore les enfants. Les bébés de ses sœurs l'ont toujours fait craquer. Qu'en sera-t-il avec le sien ?

Elle va nous donner la preuve un peu plus tard de l'extraordinaire attachement qui la lie aux nouveau-nés.

Avec la naissance de son fils René-Charles, elle a vécu ce qu'elle appelle un « Miracle », titre de l'album consacré à l'amour entre une mère et son enfant qu'elle enregistre en 2004. Or, une photographe, Anne Geddes, s'est spécialisée dans les clichés de bébés. Les deux femmes étaient faites pour se rencontrer. Elles vont unir leur fascination dans un ouvrage où l'on retrouve les photos, le CD, et le DVD des séances incroyables qu'elles vont réaliser ensemble. Anne Geddes a travaillé avec des centaines de petits, âgés seulement de quelques jours. Ce livre, intitulé *Miracle*, illustre « la connexion profonde et universelle… l'attache amoureuse qui unit la mère et l'enfant », a déclaré Céline. Elle chantera, dans l'album *Sans attendre* :

Le miracle est en nous, mon amour
Sauras-tu le voir ?
Au cœur de nos cœurs et dans le point du jour.

Elles se sont retrouvées à Las Vegas pour des séances de prises de vue en studio, qui restent une expérience unique. Anne a entendu parler de l'intérêt sans limites que Céline porte aux enfants. Elle a photographié René-Charles âgé de dix-neuf jours dans les bras de sa mère, un papillon de soie blanche sur le dos.

Elle installe les tout-petits dans des cocons de fleurs, les en coiffe, les y love. Chez elle, les enfants ne naissent pas dans les choux, mais dans les fleurs. Céline, pour sa part, sait combien il est difficile de confier son enfant à des mains étrangères. Mais si des dizaines de mamans l'ont fait, c'est qu'elles ont cru Anne Geddes digne de les recevoir. Et si Céline s'est prêtée à ces séances de photos, c'est qu'elle a découvert chez cette femme toutes les qualités requises.

Ces petits bébés de toutes les couleurs humaines – aucun n'a plus de quinze à vingt jours – ont l'air si confortables et si confiants, nus dans ses longues mains fines, son visage tout près de leur petite face de lune, qu'ils donnent un spectacle étonnant. Elle les a tous tenus, contemplés, dévorés des yeux, oubliant pourquoi elle était là, avant, pendant, après, les prises, comme étant les plus grandes – et les plus minuscules – merveilles de la terre.

Elle a bu en eux la beauté du tout premier âge. Il y avait bien quelques principes de réalité venant rappeler, de temps à autre, l'humanité réelle de ces petits bouts d'homme. Ainsi, Anne a changé des centaines de couches, les a bercés, cajolés, manipulés avec un immense respect. En présence des mères émues et consentantes.

Céline a vécu tout cela mais, surtout, elle les a vus là, divins, miraculeux. Comme le renouveau de la Vie en action.

Elle évolue au milieu d'eux et des mamans, douce, fraîche, délicate, paisible, heureuse. Belle. Un rêve de béatitude dans les yeux, comme si on y lisait le monde de brume immaculée dont ils sont sortis récemment.

Personne, semble-t-il, n'a jamais mieux dit avant elle, dans cette occasion, combien le nouveau-né est une personne venue du monde universel qui est le nôtre. À quel point il se donne à nous dans une absolue confiance.

Elle pose ses lèvres sur eux, habitée d'une piété religieuse. Sur son cou nu, ses épaules nues, l'enfant nouveau-né délasse son effort de vivre, avec un soulagement, une reconnaissance parfaitement paisibles. Tels de petits rois-fainéants pleins de grâce, ils confient leur souveraineté fragile à ses mains attentives. À poings fermés, ils lui offrent leur ignorance du mal.

Lorsque, assise en robe blanche comme une corolle géante de magnolia, elle recueille le bébé noir, tout frisé, dans ses mains tendres, la joue penchée sur son épaule ronde, c'est une douce prière. Il dort. Son petit bras posé le long du pouce de Céline. Comme s'il avait trouvé sa patrie idéale.

Ailleurs, lorsqu'un bébé-fleur s'endort contre sa joue veloutée, la main miniature de l'enfant se pose sur le contour du visage de la femme. Comme s'il s'y tenait, mais avec élégance. La même expression de félicité erre sur leurs traits paisibles. Ils ne sont pas mère et fils, ils sont juste deux êtres humains, accordés sur une musique mystérieuse, qu'ils sont seuls à entendre.

C'est la Madone aux cent bébés. Ils peuvent être jusqu'à deux ou trois à dormir sur elle en même temps. Dans son cou, au creux de son épaule ou de sa hanche, dans ses mains. C'est une incroyable séance d'amour où une femme de trente-six ans retrouve son innocence évanouie, en tenant contre sa chair la chair des bébés du monde.

Avec quoi communie-t-elle lorsqu'elle dépose ses lèvres tendrement sur la petite tête mouillée de sueur du bébé métis, qu'elle tient roulé en boule dans ses mains ? Les couleurs de la fleur d'orchidée qui forme des ailes au petiot se retrouvent en motifs sur son bras à elle, comme s'ils ne faisaient qu'un tous deux. C'est le secret de ces mains blanches sur ce corps caramel.

N'est-elle pas étrangement belle lorsque, ensuite, dans une robe blanche ajustée à sa ligne impeccable, aux épaules nues et aux dessins tigrés aux poignets, elle tient un autre bébé-fleur dans ses deux mains en conque ? Le sommeil du petit qui s'écrase mollement a déposé un songe de paix dans son regard lointain.

Disparue, la jeune chanteuse aux dents disgracieuses, à l'accent campagnard. La métamorphose est impressionnante. Elle a purifié sa silhouette, sculpté son âme, conquis son bonheur. La noblesse de cœur dont parlait Barbra Streisand s'est inscrite sur ses traits, dans ses mouvements. Elle a refusé le médiocre, le vulgaire, l'étroitesse d'esprit. Elle a acquis la puissance, soutenue par l'amour de toute une famille et par le savoir-faire d'un homme risque-tout.

Angélil s'est calqué sur les plus grands impresarii au monde, Brian Epstein et George Martin, ceux des Beatles, ou le colonel Parker, celui d'Elvis Presley. Il a offert toute sa vie pour la réussite de son poulain. Même si la cavale en question n'a eu de cesse de l'emporter jusqu'au grand amour qu'il s'effrayait de vivre avec elle.

Plus loin, en sirène aquatique, toujours épaules et dos nus, émergeant d'immenses pétales de roses, comme fleur elle-même, Céline penche sa joue sur le dos du petit moustique dormant dans sa main posée sur son genou. Et le bras relâché de l'enfant indique l'aisance de son sommeil, sur celle qui rêve à son rêve. Inconsciente de cette folie qu'elle accomplit : entrer, par son adoration, dans le monde du silence éternel dont nous sommes tous issus. Dont ils ont jailli brutalement, eux les nourrissons, encore tout enduits d'innocence.

Un peu plus tard encore, elle montrera cette ouverture à la maternité qui fonde sa vie, ayant elle-même eu un lien prodigieux avec sa propre mère. Dans l'album *Sans attendre*, elle interprète avec toute la douleur que cela suscite en elle « Les Petits Pieds de Léa ». Mariane, la compagne d'un de ses cameramen, Jean-François, enceinte de sept mois, a perdu un précédent bébé, à cinq mois de grossesse. La maman, gravement choquée, a écrit les paroles de cette chanson :

Pourquoi les petits pieds de Léa
Ne feront jamais leurs tout premiers pas ?
Pourquoi ces petits pieds ne grandiront pas
Mon Dieu dites-moi pourquoi ?

Dans le studio, devant la jeune femme à nouveau enceinte, et son compagnon derrière la caméra, Céline, les yeux baignés de larmes, enregistre les paroles écrites par la mère.

— Il faut leur montrer que « ça va », dit-elle en fermant les poings. Il fallait casser cette glace, mais j'ai jamais senti une lentille de caméra si fragile.

Parce qu'un des embryons implantés en elle n'a pas survécu, elle perçoit déjà la déception cuisante de l'enfant mort-né. Elle a vécu aussi la mort de Karine, sa nièce, et poursuit :

— La perte d'un enfant, c'est tellement un grand malheur, ça nous habite pour la fin de nos jours.

Mariane a la consolation, grâce à l'enregistrement de sa chanson par Céline, que l'existence de la petite Léa soit gravée à jamais dans la matière d'un disque, à défaut de mieux.

Céline a la passion non seulement de la Vie, car elle veut le bonheur, la beauté, mais aussi de tout ce que renferme la Vie : souffrance, larmes, amour, mort. Elle veut le baiser envoûtant de la Vie sous toutes ses formes. Aussi risqué soit-il.

C'est pourquoi elle inculque tous les aspects de la vie à son fils aîné René-Charles. Après l'avoir suivie dans le monde entier, être passé brièvement sur scène, désormais il va à l'école avec les autres enfants. Il a vécu des moments durs lorsqu'elle l'a emmené dans le camp de concentration près de Berlin. Elle disait :

— Je ne veux pas l'attrister, mais il faut qu'il accepte de comprendre ce qu'il faut changer dans le monde. L'avenir c'est maintenant.

Et l'enfant, certainement, n'oubliera jamais les restes terribles du camp de déportation qu'il a visité avec ses parents. Ni les larmes de sa mère. Elle lui a montré la pauvreté des enfants d'Afrique. Lui apprend le bonheur non de recevoir toujours, mais aussi de donner. Elle le trouve secret, réservé. Mais n'est-il pas parfois désorienté, étourdi par l'énergie féroce de sa mère ? Elle lui dédie en plein concert sa chanson « La Mer et l'Enfant », écrite par Fabien Marsaud, alias Grand Corps Malade : « À mon fils adoré ».

Je te recouvre chaque instant
De mes vagues de passion
Comme une mer de sentiments.

Cela pourrait faire peur ! Mais elle aime partager ses émotions, ses amours avec le public. Elle utilise ses chansons pour communiquer avec l'humanité. Elle ne peut pas faire de grands discours, mais elle peut chanter ce qu'elle pense. Que les gens partagent avec elle ses craintes, ses désirs, ses déceptions.

René-Charles, quant à lui, l'enfant aux cheveux d'Indien, a dû aller chez le coiffeur. Il travaille bien à l'école, nous dit sa mère, mais il a une passion pour le sport, comme un petit Américain de la bonne société. Céline est heureuse qu'il trouve là l'occasion de dépenser son énergie, de « lâcher son fou » comme on dit au Québec. Sans être tout le temps à l'étude. Il s'éclate au base-ball, au football, au basket-ball, au golf. Il joue au bowling, « … au Yo-Yo ! », continue Céline qui a l'humour gargantuesque et adore prendre le large ! Il s'exerce déjà au piano. Quant au jeu, son père, René le Flambeur, lui a déjà fait la leçon. Céline ne plaisante pas là-dessus. De toute façon, il est trop jeune pour entrer dans un casino.

Mais, depuis, Céline a réitéré l'aventure de l'enfantement. Elle a donné naissance à deux garçons jumeaux, Eddy et Nelson. On l'a vue, son ventre énorme, prête à accoucher des jumeaux, sur la plage de Jupiter Island, regardant, ravie, René-Charles et son père, dûment casqués de noir, jouant au base-ball, se bousculant sans retenue. Céline, assise au bord de la piscine, applaudit. Le père et le fils, très contents d'eux, posent ensemble sous un arbre, pour la postérité.

Puis Céline, quelques mois plus tard, assise par terre en jogging, pousse la balancelle où se trouvent ses jumeaux. Les deux parents pouponnent. René, l'un. Céline, l'autre. Le bébé rit aux éclats. Dans l'avion privé qui les emporte tous, il bâille quand sa mère bâille. L'autre dort tandis que son père dort. « Pourquoi faudrait-il cacher son bonheur ? » a dit Céline. Elle le montre pour qu'on ne le lui vole pas abusivement.

Eddy est un personnage très drôle, d'un caractère indépendant, plutôt casse-cou. Il fait l'admiration de son frère. Nelson, plus inquiet, plus doux, que Céline, pour le fortifier, a allaité jusqu'à l'âge de deux ans. On la voit sur la plage de Floride où donne sa propriété de Jupiter Island, se coucher par terre dans le sable, l'oreille contre le sol disant à ses jumeaux : « Écoutez les petits crabes qui gargouillent. » Les deux enfants dans ses bras, elle contemple la mer, certaine d'être arrivée au bout du rêve le plus fou, le plus simple : être mère.

Évidemment, ce n'est pas toujours facile. Quand il faut se lever la nuit parce que l'un des enfants est malade, qu'il a de la fièvre ou qu'il vomit, on ne peut pas lui dire : « Nelson, tu ne peux pas vomir parce que maman chante ce soir ! » Parfois, elle ne sait plus si elle a dormi, si elle a mangé. Et, bien sûr, elle déteste le moment de partir de chez elle. Elle doit imaginer tant de ruses pour que les enfants n'en souffrent pas. Auprès d'eux, elle sait qu'elle est au meilleur d'elle-même, mais elle a encore envie de chanter. C'est inscrit au plus profond de son être également. C'est sa passion première. Même si les enfants ont envahi sa vie. Elle avoue :

— Le jour où je me dirai « ça fait une heure trente que je m'ennuie sur scène », j'arrêterai.

Certains soirs, les départs sont déchirants, mais dès qu'elle se retrouve avec son équipe de techniciens et de musiciens, dans l'excitation des loges et du maquillage, des tenues de scène, des paillettes, elle oublie sa tristesse. Et quand elle revient chez elle, c'est une récompense incomparable, le cadeau ultime.

D'ailleurs elle y trouve une force nouvelle. Lorsqu'on l'entend chanter « Qui peut vivre sans amour ? » c'est la nouvelle Céline qui se montre. Plus rien à voir avec la grande voix des débuts, sortie d'un corps d'adolescente. Qui avait épaté le monde. Sans le séduire. Non, sans séduire. Aujourd'hui, il y a « Parler à mon père », cette merveilleuse chanson, qui cartonne, mais l'autre, qui déclare « l'amour est un criminel en cavale », elle en fait un cri de guerre puissant. C'est vers cela qu'elle ira, peut-être. Elle pourrait alors doubler son « audience » comme elle l'appelle là-bas, à Montréal. Elle y trouve cette nouvelle énergie qui l'emportera « plus haut » selon les termes de son mentor. Longtemps encore, elle pourra se lâcher dans une danse euphorique comme elle en a le secret, tourbillonnant les bras grands ouverts, vers son public déchaîné.

La scène, d'ailleurs, est à ce point son domaine – autant que les studios d'enregistrement – que lorsqu'on lui propose une séance de photos de mode, par exemple, cela l'ennuie profondément. Ça revient, dans son franc-parler, à respirer la poussière, à être en courant d'air – sa hantise –, et puis « t'es fatiguée, t'as des ampoules aux orteils, car ce sont des chaussures empruntées, trop petites ou trop grandes, en fin de journée, t'as rien mangé, t'as bu trop de café, t'es tellement fatiguée… ». Elle n'a pas envie de poser pour faire plaisir aux photographes. Elle ne se sent pas libre avec eux. Elle veut se dépenser, boxer, chanter, danser. Seule la scène est son domaine d'expression. Même si la séance de photos et de maquillage a donné des clichés de star où une beauté nouvelle se lit sur elle. Elle y pensera plus tard.

Peut-être est-ce la beauté de son âge futur. Mais pour elle, c'est faux. Elle n'est pas adepte de Photoshop.

La chirurgie esthétique, elle n'a rien contre. Mais aujourd'hui, elle fait encore confiance aux techniciens des lumières pour l'éclairer le mieux possible. Pour qu'elle se trouve encore belle au naturel. Après, on verra. Elle reconnaît qu'il y a ceux et celles qui ont besoin de se faire remonter le « moral », donc elle ne dit pas non pour plus tard. Une petite ride par-ci, un cou détendu par-là, mais il n'y a rien encore dans les découvertes scientifiques qui lui convienne vraiment. Elle ne peut pas s'empêcher de penser à ces femmes qui se sont réveillées de l'anesthésie – ou pas – paralysées, défigurées. Elle a des frayeurs comme en ont toutes les femmes avant de sauter le pas. Elle ne veut jamais avoir à dire : « Je t'aime, mon amour », avec la bouche de travers ou le visage tendu par un lifting trop agressif.

Le Botox peut être dangereux pour les cordes vocales, si l'injection est trop profonde dans les tissus. Jusqu'à maintenant, elle a toujours sa voix, sa foi. Mais tout reste ouvert dans sa vie professionnelle. L'important est d'accueillir ce qui se présente, dit-elle. Ne fermer aucune porte. Il ne faut pas lutter à contre-courant. Il faut aussi se laisser emporter où la destinée veut nous placer.

Quand elle parle ainsi, elle pense au cinéma qui se présentera peut-être dans sa vie, un peu plus tard, avec plus de maturité, dit-elle modestement. Elle a dit souvent qu'elle aimerait interpréter le rôle de Maria Callas. Même si elle reconnaît qu'elle n'est pas une chanteuse d'opéra. Le personnage l'attire. Au niveau vocal, « on en reparlera, dit-elle avec humour, parce que c'est un autre monde ».

Céline chante de tout son corps. Mais il y a des étapes où elle doit s'arrêter un moment. De temps en temps, elle se souvient que l'être humain n'est pas une machine corvéable à merci, même avec les deux pieds bien ancrés dans le sol. Elle en a fait l'amère expérience au cours de sa carrière. Le temps est-il venu de remplacer les cent soixante-cinq concerts annuels par un rythme beaucoup plus sage qui lui laisserait le temps d'interpréter des rôles ?

C'est d'ailleurs ce qu'elle a choisi de faire en signant pour sept ans un engagement au Caesar's Palace Coliseum de Las Vegas. Elle y a déjà donné des centaines de concerts depuis 2003. Qui ont été à l'origine d'un album intitulé *A new day... Live in Las Vegas*, où l'on retrouve des hits comme « My Heart Will Go On » ou « What a Wonderful World ».

La France n'est jamais oubliée dans son programme. Pour la sortie de son album *Sans attendre*, en 2012, elle a donné un grand show au Palais des Congrès de Paris, et a été reçue par son ami Michel Drucker. C'est un album, dit-elle, pour tous ceux qui la connaissent « en vrai ». Une interprétation plus sobre pour des chansons intimistes. Des titres qui collent à sa vie. Qui ne cachent rien. Plus que jamais, elle veut être un livre ouvert pour tous ceux qui veulent savoir. Elle a privilégié une voix moins éclatante, plus feutrée. Elle est restée au plus près de l'émotion, sans être forcément « à bout de poumons ». C'est aussi un album de duos. Elle chante avec Johnny Hallyday « L'amour peut prendre froid ».

Elle est vêtue « à la parisienne chic ». Veste cintrée de velours noir à boutons dorés, sur un haut en brocart argenté, pantalon de cuir, bottines talons aiguilles de daim noir, bracelet de diamants, bague au petit doigt. Pour Johnny, c'est un honneur. Pour Céline, c'est un cadeau. Deux monuments de la chanson se saluent. Avec affection, respect, calme. Sept ans avant – déjà –, ils avaient chanté ensemble « L'envie d'avoir envie ». En tournée mondiale, ils ont fait, chacun leur tour, les mêmes stades immenses, remplis de fans passionnés. Le vrai trésor de sa vie, explique Céline, mis à part ses enfants, c'est celui qui est né entre le public et elle. Elle déclenche par ces mots un tonnerre d'acclamations. Son histoire d'amour avec le public est réelle. Elle sait toujours trouver les mots qui le font vibrer. Johnny déclare, modeste : « Pour chanter avec Céline, il faut être à la hauteur. C'est la plus grande chanteuse avec qui j'ai fait des duos. » Effectivement, on cherche en vain qui d'autre tiendrait la distance. Céline est touchée comme une petite fille qui reçoit un beau cadeau. Pour elle, chanter avec des artistes comme lui, qui ont un public fervent, une carrière fabuleuse, c'est composer un « succès mutuel » que l'on offre au public qui, en dernier recours, décide de tout.

Avec une certaine malice, Drucker lui a concocté un petit medley de séquences anciennes ! On la voit, âgée de seize ans, imiter Mireille Mathieu, puis déguisée en poupée punk, à la même époque, dans ces premiers looks improbables où on la reconnaît à peine ! Céline craque :

— On ne va pas se repasser tout ce qu'on a fait depuis trente ans ! s'exclame-t-elle pour enchaîner sur autre chose.

La suite, c'est un duo avec Florent Pagny qui, lui, n'assure pas du tout ! À côté d'elle, plus grande que lui, dans tous les sens du terme, élégante, à l'aise, sûre d'elle, elle est longue, fine, solide sur ses jambes de cuir, comme en vacances, superbe. Rockeuse très cool, pour ce titre « J'irai où tu iras » qu'elle a déjà chanté dans une version magnifique, avec Jean-Jacques Goldman. Pagny, loyal, avoue qu'il court après le talent vocal de Céline. Il parle de ce fameux *fa* de « All by Myself » qui, pour lui, est une déflagration entrée dans toutes les radios du monde, en Inde, en Chine, en Russie, partout. Inoubliable !

Et puis, comme Henri Salvador était venu la voir à Los Angeles, Céline reprend virtuellement un titre avec lui, enregistré avant sa mort, « Tant de temps ».

Tant de temps au cadran de l'absence
Lancinant roulement de silence

Deux voix de velours se mêlent doucement. Catherine Salvador, la dernière épouse du chanteur, est très émue. Elle a apporté avec elle un précieux cadeau qu'elle remet à Céline. En ouvrant la grande boîte ronde, Céline découvre un chapeau-claque, orné de soie blanche, qu'il a porté sur scène. Elle sait l'importance des objets qui parlent et se souviennent. Ses yeux s'embuent de larmes, mais elle ne dit rien. Elle respire le carton à chapeau et chantonne quelques bribes d'« Une chanson douce » qu'elle a enregistrée dans son album pour enfants *Miracle*.

Elle remercie Catherine Salvador en ces termes :

— Je crois que des choses sont écrites là-haut. Que des gens nous ouvrent le chemin. Il suffit d'ouvrir les petites portes. C'est la vie. Il y a ceux qui sont autour de nous, il faut savoir les voir, les recevoir.

Puis elle chante encore et toujours en robe de cuir noire fendue. Et soudain, on avait oublié, mais dans sa chanson « Attendre », lorsqu'elle chante la phrase « C'est l'amour qu'il me faut te rendre », elle nous offre comme ça, gratuitement, pour le plaisir, une note de vertige, qui donne le frisson, sur la syllabe *faut*. La salle frémit. Ses gestes sont plus doux. Son rythme est plus tendre. Elle ouvre les bras et virevolte, légère, amoureuse. Le public est conquis.

Michel Drucker l'avait reçue le premier en 1983, dans son émission « Champs-Élysées ». Elle avait quinze ans, toutes ses dents ! Mais déjà sa voix. Elle chantait « D'amour ou d'amitié ». En 1998, il l'avait reçue dans « Vivement Dimanche » pour son tube planétaire, la chanson du film *Titanic*. Puisqu'il lui a donné sa chance, il y a trente ans, il lui donne rendez-vous dans trente ans. Par étapes !

Et puis Michel est très famille. Il a bien connu les parents de Céline qui l'accompagnaient toujours les premières fois. Il lui parle de son père Adhémar. « Ça a toujours été mon fan nº 1, dit Céline. Je ne vais plus frapper chez lui. Il m'habite et cela me rend heureuse. Je vis avec lui de cette façon. J'aurais tellement aimé qu'il fasse danser mes enfants avec son accordéon. Mais il le fait quand même avec les vidéos que j'ai de lui. Toutes celles où il est avec René-Charles, je les passe aussi à mes jumeaux. Ainsi mes deux petits bébés entendent leur grand-père jouer de l'accordéon. Il faut accepter le départ. Et je sais que ça s'est bien passé. » On a vu Adhémar, vieil homme lumineux, tenir son petit-fils dans ses bras, une expression de bonheur sur son visage parcheminé.

Et puis il y a la femme d'amour, la femme de fer, celle « qui lui a tout appris ». Elle n'est pas là ce soir, mais elle a enregistré un message pour sa fille. Thérèse lit avec conviction, et ce bel accent des Laurentides, les paroles écrites par Grand Corps Malade dans « La Mer et l'Enfant ».

Céline est sur le rivage de son île, avec ses jumeaux Nelson et Eddy. Mais, dans son cœur, on sent une petite réticence à partager les images intimes de son bonheur. On touche à son jardin secret, celui dont elle a dit plusieurs fois qu'elle le gardait pour elle. Elle sourit poliment mais ne répond pas. Elle ne peut pas non plus pleurer toutes les minutes. Elle a même appris à se taire, ça aide à garder les larmes à l'intérieur.

Aujourd'hui, elle peut savourer sa victoire. Elle l'avoue sans complexe : « C'est la crème de la crème. » Elle faisait jusqu'à cent soixante-cinq concerts par an ; plus parfois. Elle a ralenti à une soixantaine de shows monstres au cours desquels elle ne se donne pas moins. Il reste les interviews, les photos, la promotion, toujours les mêmes questions des centaines de fois. Mais qu'est-ce que cela fait, puisque la maison s'est remplie des joies et des jeux des enfants ? Et que, oui vraiment, elle en est sûre, il suffisait d'aimer.

Discographie

La Voix du bon Dieu	1981
Céline Dion chante Noël	1981
Tellement j'ai d'amour...	1982
Les Chemins de ma maison	1983
Du soleil au cœur	1983
Chants et contes de Noël	1983
Mélanie	1984
Les Oiseaux du bonheur	1984
C'est pour toi	1985
Céline Dion en concert	1985
Incognito	1987
Unison	1990
Dion chante Plamondon	1991
Céline Dion	1992
The Colour of My Love	1993
À l'Olympia	1994
D'eux	1995
Falling Into You	1996
Live à Paris	1996
Let's Talk About Love	1997

S'il suffisait d'aimer	1998
These Are Special Times	1998
Au cœur du stade	1999
All The Way… A Decade of Song	1999
A New Day Has Come	2002
One Heart	2003
Une fille & quatre types	2003
A New Day… Live in Las Vegas	2004
Miracle	2004
On ne change pas	2005
D'elles	2007
Taking Chances	2007
My Love	2008
Sans attendre	2012

Bandes originales de films

Opération Beurre de pinottes	1985
Dans la main d'un magicien	
La Ballade de Michel	
Listen To Me	1989
Listen To Me	
Beauty And The Beast	1991
Duo avec Peabo Bryson	
Sleepless In Seattle	1993
When I Fall In Love	
Up Close And Personal	1996
Because You Loved Me	
Titanic	1997
My Heart Will Go On	
Quest For Camelot	1998
The Prayer, avec Andrea Bocelli	
Bicentennial Man	1999
Then You Look At Me	
Notre-Dame de Paris	1999
Live (Vivre)	
Stuart Little 2	2002
I'm Alive	

Table

CHEZ LE MÊME ÉDITEUR

Brigitte Hemmerlin/Vanessa Pontet
MIKA

Coach de l'émission « The Voice » depuis janvier 2014, Mika impressionne par la perspicacité de ses interventions. Sa gaieté, sa fraîcheur, son sourire séduisent.

« Relax », « Grace Kelly », « Happy Ending », « Lollipop »... : ses chansons ont d'abord circulé sur Internet. En quelques années, la pop acidulée de ce jeune homme à la voix de tête étonnante, son talent et sa générosité ont conquis le public. Son premier album, *Life in cartoon motion*, certifié disque de diamant, a été le plus vendu en France en 2007. À 24 ans, il est sacré révélation internationale aux NRJ Music Awards. Aujourd'hui, après un troisième disque, *The Origin of Love*, le rêve continue...

Mais quel est donc le secret de la réussite de Michael Holbrook Penniman, cet enfant issu d'une famille nombreuse élevé entre Beyrouth, Paris et Londres que rien ne destinait à devenir une star ? De sa première apparition sur la scène de Covent Garden au terrible accident de sa sœur aînée Paloma, jusqu'à son récent *coming out*, cette biographie retrace l'itinéraire d'un chanteur aussi doué qu'énigmatique.

Journalistes, ***Brigitte Hemmerlin*** *et* ***Vanessa Pontet*** sont les auteurs de biographies consacrées à Grégory Lemarchal, Jacques Martin et Mylène Farmer, toutes parues aux éditions de l'Archipel.

ÉDITION ILLUSTRÉE

978-2-35287-648-9 / 192 pages / H 55-6668-3 / 12

Cet ouvrage a été composé
par Facompo
à Lisieux (Calvados)

Impression réalisée à Barcelone par

CPI

pour le compte des Éditions Archipoche
en septembre 2014

Imprimé en Espagne
N° d'édition : 7
Dépôt légal : septembre 2014